名家名篇里的
朗诵密码丛书

扫 描 书 中 二 维 码 ， 跟 着 名 师 学 朗 诵

名家散文里的朗诵密码

MINGJIA SANWEN LI DE
LANGSONG MIMA

主　　编　柏玉萍
副 主 编　陈惠娟
编　　委　李　月　孙春春
　　　　　叶凤琴　谢　凯
领衔朗诵　李　歌　柏玉萍
朗　　诵　楚红秋　郭明黎
　　　　　杨　建

山东城市出版传媒集团·济南出版社

图书在版编目（CIP）数据

名家散文里的朗诵密码 / 柏玉萍主编. — 济南：
济南出版社, 2023.9
ISBN 978-7-5488-5777-8

Ⅰ. ①名… Ⅱ. ①柏… Ⅲ. ①散文—朗诵—儿童读物
Ⅳ. ①H119-49

中国国家版本馆CIP数据核字（2023）第129605号

名家散文里的朗诵密码

出 版 人：田俊林
图书策划：赵志坚　刘春艳
责任编辑：赵志坚　李文文　孙亚男　孙　莹
封面设计：谭　正
封面绘图：王桃花
出版发行：济南出版社
地　　址：济南市市中区二环南路 1 号　（250002）
邮　　箱：976707363@ qq. com
印 刷 者：东营华泰印务有限公司
经 销 者：各地新华书店
成品尺寸：170 mm × 240 mm　16开
印　　张：7
字　　数：58千字
印　　数：1—5000册
出版时间：2023年9月第1版
印刷时间：2023年9月第1次印刷
定　　价：39.60元

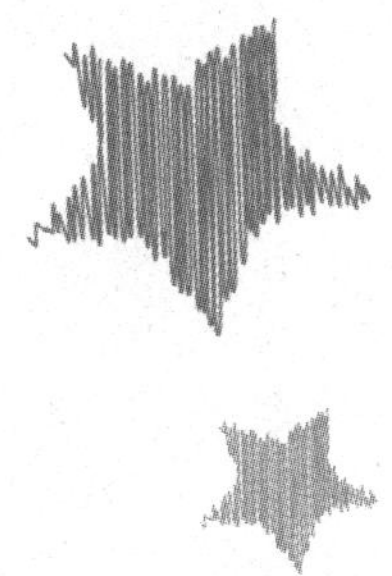

寻找朗诵的“密码”

朗诵，真的有“密码”吗？

当然有。

不然，你怎么会读着读着就笑了，听着听着就流泪了呢？是什么打开了你的情感之门？对，是朗诵的“密码”。

那朗诵的“密码”是什么呢？

在我看来，是一双会发现的眼，一颗能感受的心，一张善表达的嘴。

看——

小草偷偷地从土里钻出来，嫩嫩的，绿绿的。

睁大你的双眼，你发现这一段是写什么的了吗？是的，这段文字描绘的是小草怎么从土里钻出来的，还有小草的颜色是怎样的。

再打开你的心，你在生活中是否见过这样嫩、这样绿的小草？也许你平时没有留意过小草是怎么从土里钻出来的。没关系，你可以把自己当作小草来感受一下：春风轻轻地吹拂大地，在土里沉睡了一个冬天的你最想做什么？是呀，使劲地钻，悄悄地钻，展现你顽强的生命力。你多么想早点加入这春天的盛会呀！

于是，你在内心深处为这小草鼓掌，你仿佛也成了这嫩绿嫩绿的小草中的一棵，你是多么欣喜呀！

现在，你一定迫不及待地想要把你的这份喜爱通过声音表达出来，你希望让听者也看到小草“钻”出土地的样子，让他们也感受到小草的嫩绿，感受到小草的可爱。你的嘴开始积极主动地表达起来！

来吧——

小草偷偷地/从土里钻出来，嫩嫩的，绿绿的。

这时，你的声音有了温度，有了色彩，你内心情感的河流也开始流淌起来。这时，你的声音就有了情感，有了活力，你的表达正变得有声有色！

为什么我们要以“朗诵密码”来作为这套丛书的主题呢？我们坚信：每个人都是自带“密码”的。只不过，有时候我们会忘记它们。我们会故意用高声大嗓来表达我们胸中激荡的情感，故意把声音做出高低变化来表示我们在朗诵……这些都不是真正的

“朗诵密码”。

朗诵的密码就在我们自己这里，不需要刻意夸张为之。我们需要真的看到、真的听到、真的想到、真的感受到文字里的画面，让自己的情感自然而然地流露出来。只有这样，“真”的朗诵才会诞生！

为了帮助你轻松地破译朗诵密码，我们给每篇文学作品编排了“走近作家”“走进作品”栏目，去提醒你发现文字里的奥秘；每篇文章都有一个重要的栏目——“朗诵密码”，我们是想和你交流怎么做可以将真实的感受表达出来；我们还编排了“拓展延伸”栏目，是希望你由朗诵走向更为广阔的实践天地。

“名家名篇里的朗诵密码”系列按照不同的文体分设诗歌卷、散文卷、故事卷、古诗词卷等，有这些优秀的文学作品为伴，你的童年会更加丰富多彩。还有一卷很特别——那就是亲子朗诵卷，希望这套丛书不仅让你爱上朗诵，还能影响你身边的大人也爱上朗诵。

为了让你更好地掌握朗诵本领，我们给每篇文章都做了朗诵标注，帮助你掌握更丰富的朗诵技巧。标注了“ . ”的字词要特别强调，这样的技巧叫“重音”；句子中标注了“ / ”，表示读到这里要稍稍停顿一下；句子之间标注了“‿”，这是提醒我们朗诵前后两个句子时停顿的时间要短一些，要把两个句子连接得紧密一些。我们还给每篇文章都配了朗诵音频，供你欣赏和借鉴。我们还把每一个作品的配乐提供给你，希望你能伴着音乐享受朗诵的乐趣。

真诚地希望：朗诵，不止于朗诵。希望你破译属于自己的“朗诵密码”，借着声音的翅膀飞进精彩的文学世界；希望你能学会朗诵，用你的声音去体验和表达丰富的情感，拥有一个能想象、会感受的有趣的灵魂；更希望你能掌握朗诵的本领，在舞台上、在众人面前，用生动的语言、自信的状态精彩绽放，让自己闪闪发光！

于上海

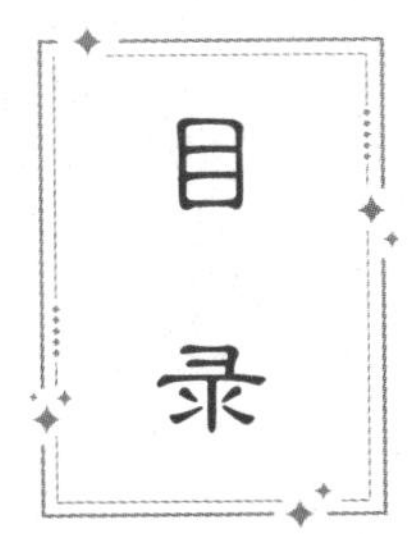

第一单元　壮丽的河山

第二单元　四时的声形

第三单元　草木的情趣

第四单元　自然的魅力

第五单元　想象的翅膀

第六单元　大自然的色彩

第七单元　动物的世界

第八单元　散文里的哲思

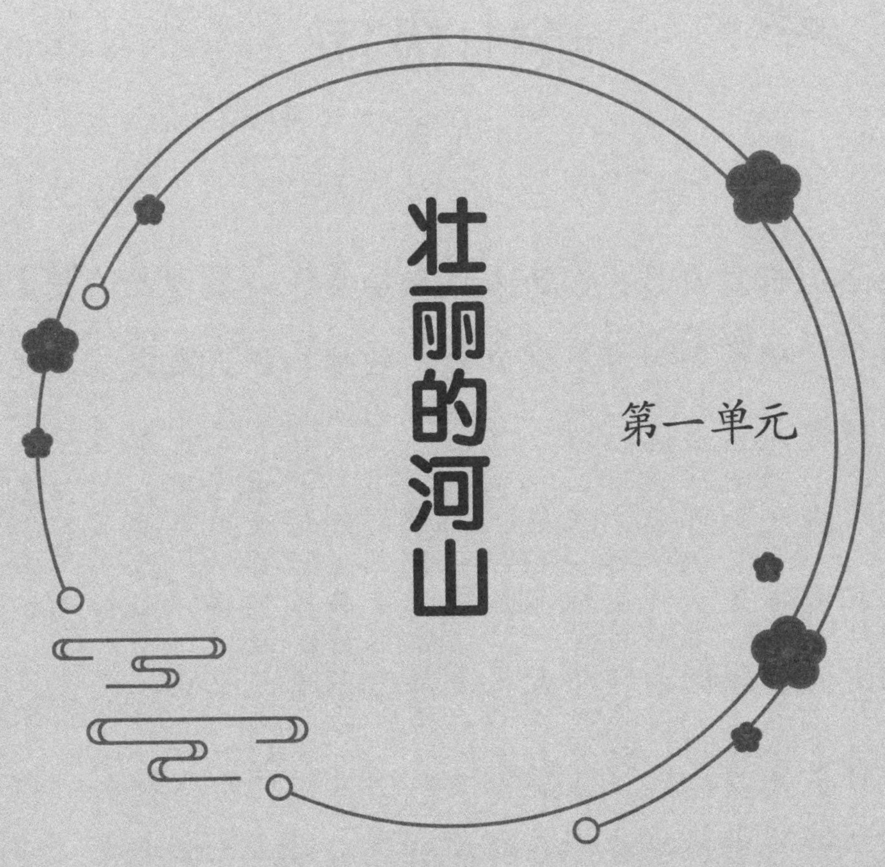

第一单元 壮丽的河山

祖国山河壮丽，处处有迷人的风景。有人喜欢“会当凌绝顶，一览众山小”的泰山，有人喜欢“水光潋滟晴方好”的西湖，还有人喜欢“舟行碧波上，人在画中游”的漓江……让我们跟随文字，一起去饱览祖国的名山大川吧！

泰山极顶

杨 朔

泰山极顶看日出，历来被描绘成十分壮观的奇景。有人说："登泰山而看不到日出，就像一出大戏没有戏眼，味儿终究有点寡淡。"

我去爬山那天，正赶上个难得的好天，万里长空，云彩丝儿都不见，素常烟雾腾腾的山头，显得眉目分明。同伴们都欣喜地说："明天早晨准可以看见日出了。"我也是抱着这种想头，爬上山去。

一路从山脚往上爬，细看山景，我觉得挂在眼前的/不是五岳独尊的泰山，却像一幅规模惊人的青绿山水画，从下面倒展开来。在画卷中最先露出的是山根底那座明朝建筑岱宗坊，慢慢地便现出王母池、斗母宫、经石峪。山是一层比一层深，一叠比一叠奇，层层叠叠，不知还会有多深多奇。万山丛中，时而点染着极其工细的人物。王母池旁的吕祖殿里有不少尊明塑，塑着吕洞宾等一些人，姿态神情是那样有生气，你看了，不禁会脱口赞叹说：“活啦。”

画卷继续展开，绿荫森森的柏洞露面不太久，便来到对松山。两面奇峰对峙（zhì）着，满山峰都是奇形怪状的老松，年纪怕都有上千岁了，颜色竟那么浓，浓得好像要流下来似的。来到这儿，你不妨当一次画里的写意人物，坐在路旁的对松亭里，看看山色，听听流水和松涛。

（本文为节选）

走近作家

杨朔，现当代散文家、小说家，代表作有《香山红叶》《荔枝蜜》《泰山极顶》等。

走进散文

作者抱着登泰山观日出奇景的欢喜想法，一路领略泰山的奇妙山景，欣赏历代遗迹。在他看来，泰山的风景像是一幅规模惊人的青绿山水画。阅读散文，我们仿佛和作者一起登上了泰山，感受到了他对祖国壮丽河山的热爱以及对大自然的赞美。

朗诵密码

● 作者去泰山看日出时的心情是愉悦的，所以我们在朗诵时语气要轻快，透着喜悦。

● 第三自然段先写泰山像一幅“青绿山水画”，我们在朗诵时要突出“青绿山水画”这个词，因为后面的内容都是围绕这个词来写的。

● 对于这幅“画”中的景点和明塑名称，我们要表达明确，让人听清楚。

● 每一处景点的特点都不同，如明塑的特点是“有生气”和“活啦”，我们要带着赞美之情读这些词语。

拓展延伸

和家人一起去登山，留心观察登山途中的风景，写一写所见所感。

黄山奇石

佚　名

中外闻名的黄山风景区，在我国安徽省的南部。那里景色秀丽神奇，尤其是那些怪石，有趣极了。

就说“仙桃石”吧，它好像从天上飞下来的一个大桃子，落在山顶的石盘上。

在一座陡峭的山峰上，有一只“猴子”。它两只胳膊抱着腿，一动不动地/蹲在山头，望着翻滚的云海。这就是有趣的“猴子观海”。

“仙人指路”就更有趣了！远远望去，那巨石真像一位仙人站在高高的山峰上，伸着手臂/指向前方。

每当太阳升起，有座山峰上的几块巨石，就变成了一只金光闪闪的雄鸡。它伸着脖子，对着天都（dū）峰/不住地啼叫。不用说，这就是著名的“金鸡叫天都”了。

黄山的奇石还有很多，像“天狗望月”“狮子抢球”“仙女弹琴”……那些叫不出名字的/奇形怪状的岩石，正等着你去给它们起名字呢！

走近黄山

黄山被誉为“天下第一奇山”，是著名的游览胜地。明代地理学家、旅行家徐霞客曾称赞：“薄海内外无如徽之黄山，登黄山而后天下无山，观止矣！”后人传颂为“五岳归来不看山，黄山归来不看岳”。

走进散文

这篇散文生动地介绍了黄山风景区内有趣的奇石、怪石，具体描述了“仙桃石”“猴子观海”“仙人指路”“金鸡叫天都”四处奇石，让我们对这四处奇石产生了形象的了解。最后一个自然段概括地介绍了其他怪石，表现了黄山奇石数量之多和形状之怪，突出了奇石的有趣。

朗诵密码

黄山奇石各有各的特色，我们朗诵时不仅要强调“仙桃石”“猴子观海”“仙人指路”“金鸡叫天都”这些有趣的名称，还要抓住文章描述每块奇石时所用的动词，如“飞”“落”“蹲”“望”“站”“伸”“指”等，将这些岩石的形态之奇表现出来。

桂林山水

陈　淼

人们都说："桂林山水甲天下。"我们乘着木船，荡漾在漓江上，来观赏桂林的山水。

我看见过波澜壮阔的大海，玩赏过水平如镜的西湖，却从没看见过漓江这样的水。漓江的水真静啊，静得让你感觉不到它在流动；漓江的水真清啊，清得可以看见江底的沙石；漓江的水真绿啊，绿得仿佛那是一块无瑕的翡翠。船桨激起的微波/扩散出一道道水纹，才让你感觉到船在前进，岸在后移。

我攀登过峰峦雄伟的泰山，游览过红叶似火的香山，却从没看见过桂林这一带的山。桂林的山真奇啊，一座座拔地而起，各不相连，像老人，像巨象，像骆驼，奇峰罗列，形态万千；桂林的山真秀啊，像翠绿的屏障，像新生的竹笋，色彩明丽，倒映水中；桂林的山真险啊，危峰兀立，怪石嶙峋，好像一不小心就会栽倒下来。

这样的山围绕着这样的水，这样的水倒映着这样的山，再加上空中云雾迷蒙，山间绿树红花，江上竹筏小舟，让你感到像是走进了连绵不断的画卷，真是“舟行碧波上，人在画中游”。

走近作家

陈淼，当代作家。著有散文集《早晨集》《春雨集》，短篇小说集《炼钢工人》《红榜的故事》，话剧剧本《红旗歌》（合作）等。

走进散文

这是一篇经典的写景散文。“桂林山水甲天下”，开篇以一个“甲”字高度概括了桂林山水的奇丽之景堪称天下第一。接着，作者用对比的写作手法，描绘出漓江水的“静”“清”“绿”和桂林山的“奇”“秀”“险”，缓缓地将读者带入如诗如画的美景之中，令人陶醉。

朗诵密码

● 朗诵这篇散文时，我们要边读边想象画面，好像自己也在游览桂林山水，正兴致勃勃地向大家介绍。

● “静”“清”“绿”“奇”“秀”“险”，这些词语充分体现了桂林山水的特点。读这些词语时，我们可以略微拖长或者抬高声音，语气中要流露出喜爱和赞美。

● 第三自然段中短句较多，我们朗诵短句时可以不按照逗号停顿，注意多一些连接感，这样就会让文章有流动的画面感。

拓展延伸

除了“桂林山水甲天下”，你还知道哪些赞美桂林山水的诗句？

三峡之秋

方　纪

三峡的秋天，从大江两岸的橘树和柚树开始。这些树，生长在陡峭的山岩上，叶子也如同那青色的岩石一般，坚硬、挺直。越到秋天，它们越显出绿得发黑的颜色；而那累累的果实，正在由青变黄，渐渐从叶子中间显露出来。就在这时候，它们开始散发出一种清香，使三峡充满了成熟的秋的气息。

早晨，透明的露水闪耀着，峡风有些凉意，仿佛在满山的橘树和柚树上/撒下一层洁白的霜，清新而明净；太阳出来，露水消逝了，橘树和柚树闪烁着阳光，绿叶金实。三峡中又是一片秋天的明丽。

中午，群峰披上金甲，阳光在水面上跳跃，长江也变得热烈了，像一条金鳞巨蟒，翻滚着，呼啸着，奔腾流去；而一面又把那激荡、跳跃的光辉，投向两岸陡立的峭壁。

于是，整个峡谷，波光荡漾，三峡又充满了秋天的/热烈的气息。

下午，太阳还没有落，峡里早起了一层青色的雾。这使得峡里的黄昏来得特别早，而去得特别迟。于是，在青色的透明的黄昏中，两岸峭壁的倒影，一齐拥向江心，使江面上只剩下一线发光的天空。长江平静而轻缓地流淌，变得有如一条明亮的带子。

夜，终于来了。岸边的渔火，江心的灯标，接连地亮起；连同它们在水面映出的红色光晕，使长江像是眨着眼睛，沉沉欲睡。只有偶尔驶过的赶路的驳船，响着汽笛，在江面划开一条发光的路；于是渔火和灯标，都像惊醒了一般，在水面上轻轻地摇曳。

（本文为节选）

方纪，现当代作家。著有小说《老桑树底下的故事》《不连续的故事》，散文集《长江行》《挥手之间》，长诗《不尽长江滚滚来》《大江东去》等。

《三峡之秋》表达了作者对祖国壮丽山河的热爱和赞美之情。在这段选文中，作者先总写三峡秋景，通过橘树、柚树的叶子、果实来表现成熟的秋景；再按照早晨—中午—黄昏—夜晚的时间顺序描写三峡在一天内的景色变化，晨的明丽、午的热烈、黄昏的青色而透明、夜晚的宁静而神秘，让读者身临其境地感受到三峡不同时间的美丽景色。

● 三峡中午的特点是“热烈”。朗诵第三自然段时，我们要注意短语之间的连接，节奏要紧凑，在读中感受这些短语与“热烈”之间的关系。

● 前三个自然段的最后一句话都饱含了作者对三峡的赞美，我们要带着饱满的热情去朗诵。

方纪先生的《三峡之秋》给我们展开了一幅三峡秋天的美丽画卷。你还可以利用课余时间读读写三峡的其他文章，如著名作家刘白羽先生的《长江三日》、余秋雨先生的《三峡》等，都是非常精彩的。

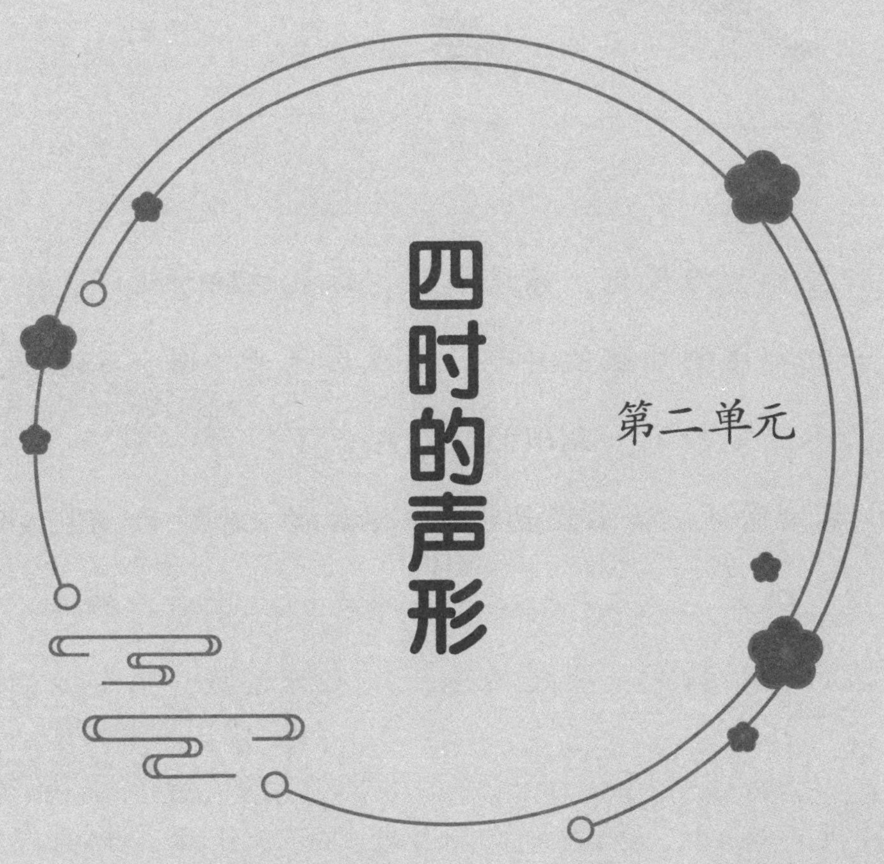

第二单元

四时的声形

一年四季都是美的，春的盎然、夏的蓬勃、秋的收获、冬的素雅，每一季都有自己与众不同的声音和姿态，让人陶醉和留恋。

春

朱自清

盼望着，盼望着，东风来了，春天的脚步近了。

一切都像刚睡醒的样子，欣欣然张开了眼。山朗润起来了，水涨起来了，太阳的脸红起来了。

小草偷偷地／从土里钻出来，嫩嫩的，绿绿的。园子里，田野里，瞧去，一大片一大片／满是的。坐着，躺着，打两个滚，踢几脚球，赛几趟跑，捉几回迷藏。风／轻悄悄的，草／软绵绵的。

桃树、杏树、梨树，你不让我，我不让你，都开满了花赶趟儿。红的像火，粉的像霞，白的像雪。花里带着甜味儿；闭了眼，树上仿佛已经满是桃儿、杏儿、梨儿。花下成千成百的蜜蜂嗡嗡地闹着，大小的蝴蝶飞来飞去。野花遍地是：杂样儿，有名字的，没名字的，散在草丛里，像眼睛，像星星，还眨呀眨的。

“吹面不寒杨柳风”，不错的，像母亲的手抚摸着你。风里带来些新翻的泥土的气息，混着青草味儿，还有各种花的香，都在微微润湿的空气里酝酿。鸟儿将窠巢安在繁花嫩叶当中，高兴起来了，呼朋引伴地卖弄清脆的喉咙，唱出婉转的曲子，与轻风流水应和着。牛背上牧童的短笛，这时候也成天在嘹亮地响。

雨是最寻常的，一下就是三两天。可别恼。看，像牛毛，像花针，像细丝，密密地斜织着，人家屋顶上全笼着一层薄烟。树叶子却绿得发亮，小草也青得逼你的眼。傍晚时候，上灯了，一点点黄晕的光，烘托出一片安静而和平的夜。乡下去，小路上，石桥边，有撑起伞慢慢走着的人；还有地里工作的农夫，披着蓑、戴着笠的。他们的草屋，稀稀疏疏的，在雨里静默着。

天上风筝渐渐多了，地上孩子也多了。城里乡下，家家户户，老老小小，他们也赶趟儿似的，一个个都出来了。舒活舒活筋骨，抖擞抖擞精神，各做各的一份事去。“一年之计在于春”，刚起头儿，有的是工夫，有的是希望。

春天像刚落地的娃娃，从头到脚都是新的，他生长着。

春天像小姑娘，花枝招展的，笑着，走着。

春天像健壮的青年，有铁一般的胳膊和腰脚，他领着我们上前去。

走近作家

朱自清，现代散文家、诗人。其散文风格朴素缜密、清隽沉郁，以语言洗练、文笔秀丽著称。著有诗文集《踪迹》，散文集《背影》《欧游杂记》《你我》，文艺论著《诗言志辨》《论雅俗共赏》等。

走进散文

《春》是一篇贮满诗意的散文，它以生动的语言描写了清新可爱、充满生机的春天的景象。作者先是总起一笔写春天的到来，然后分镜头描绘春草、春花、春风、春雨、春早人勤，最后总结全文，指出春天里人们应该具有良好的精神风貌。

● 朗诵时，我们要抓住文中那些描写事物样态的词语去细细描摹。如：“偷偷”和“钻”形象地描绘出小草破土而出的动态画面，我们在朗诵时要突出这些词语，语气要柔一些、语速要慢一些，这样画面就“动”起来了。

● 文中还有很多短句，我们要注意短句之间的连接，让画面“连”起来。

● 读排比句时，我们要一句高过一句，突出层次变化和兴奋的心理，这样画面就有“情”了。

本文描写了春草图、春花图、春风图、春雨图、迎春图五幅春景图。你喜欢哪一幅图？试着把它画下来吧。

夏日的芬芳

［苏联］尼·斯米尔诺夫

别墅阳台上的蔷薇和茉莉花丛日渐舒展茂盛，一到开花季节 / 它们便一天比一天美丽：茉莉枝头仿佛披上了挂霜的水晶，蔷薇则缀满了鱼鳔（biào）似的绿衣红蕊的精致花蕾，这些“鱼鳔”渐渐伸展，狭长而卷曲的叶子舒张开来，接着花萼绽开了，落满茉莉枝梢的细碎“霜花”一下子化成黄蕊的小铃铛。

对着阳台的窗户彻夜敞着，我觉得，我蒙眬中不仅听到了夜莺的婉转啼鸣，还有蔷薇和茉莉开放时的沙沙声响。

一天夜里，掠过一阵雷雨。雨后花园里吹来如此丰厚的暖意和浓烈的芳香，几乎令人眩晕了。

翌日清晨，阳光明丽，天空澄澈，滴着雨珠的茉莉和蔷薇美不可言。

阳光仿佛在蔷薇上泼洒着红红的火焰，而阴影中的花朵微微泛蓝，宛若薄柔光滑的锦缎。

被带花纹的绿叶环绕的四瓣茉莉，闪烁着纯净的光辉。

它们在花园里争奇斗艳，芬芳四溢。五彩斑斓的蝴蝶无声地在蔷薇丛中／翩然飞舞。嗡嗡低唱的蜜蜂时不时伏在花朵上。燕子清脆地啁啾着，像箭似的忽前忽后地掠过。伏尔加河岸边的山上回荡着雄浑奔放的／赞美祖国的歌声。

俄罗斯明媚的夏天来到了。

（贾放／译）

尼·斯米尔诺夫，苏联作家。主要作品有写俄国著名风景画家列维坦的文学传说《金色的河湾》，以及抒发对大自然情怀的散文集。

《夏日的芬芳》一文描写了夏日来临时大自然生命的动人生长，笔触细腻优美。写蔷薇和茉莉花，一个像“鱼鳔”，一个像“霜花”，各具特色。夜莺的啼唱、蔷薇和茉莉的沙沙声响是夏日的声音。雷雨后的夏日“丰厚”“浓烈”，阳光明丽、花朵光艳，色彩斑斓。我们也随着文字，和作者一起感受俄罗斯大地明媚的夏天。

● 三种动物各具特点：蝴蝶无声飞舞，朗诵时我们要用较为缓慢的语速读出它的美感；蜜蜂嗡嗡低唱，朗诵时我们的语调可以低一些，语气轻柔；而读燕子清脆啁啾时，我们的语调要高一些，语速也应加快，以展现出像箭似的速度。

● 我们要带着满心的喜悦去读“伏尔加河岸边的山上回荡着雄浑奔放的赞美祖国的歌声”这一句。

夏季是个百花争艳的季节。此刻，你处于什么季节？这个季节有哪些花儿？你能试着写出当季某种花的形态吗？

秋天的雨

陶金鸿

秋天的雨，是一把钥匙。它带着清凉和温柔，轻轻地，轻轻地，趁你没留意，把秋天的大门打开了。

秋天的雨，有一盒五彩缤纷的颜料。你看，它把黄色给了银杏树，黄黄的叶子像一把把小扇子，扇哪扇哪，扇走了夏天的炎热。它把红色给了枫树，红红的枫叶像一枚枚邮票，飘哇飘哇，邮来了秋天的凉爽。金黄色是给田野的，看，田野像金色的海洋。橙红色是给果树的，橘子、柿子你挤我碰，争着要人们去摘呢！菊花仙子得到的颜色就更多了，紫红的、淡黄的、雪白的……美丽的菊花在秋雨里频频点头。

秋天的雨，藏着非常好闻的气味。梨香香的，菠萝甜甜的，还有苹果、橘子，好多好多香甜的气味，都躲在小雨滴里呢！小朋友的脚，常被那香味勾住。

秋天的雨，吹起了金色的小喇叭。它告诉大家，冬天快要来了。小松鼠找来松果当粮食，小青蛙在加紧挖洞，准备舒舒服服地睡大觉。松柏穿上厚厚的、油亮亮的衣裳，杨树、柳树的叶子飘到树妈妈的脚下。它们都在准备过冬了。

秋天的雨，带给大地的是一曲丰收的歌，带给小朋友的是一首欢乐的歌。

走近作家

陶金鸿，教授、作家，著有《秋天的雨》《阿尔诺芬尼夫妇像》《造型艺术研究》等。

走进散文

这是一篇抒情意味很浓的散文，名为写秋雨，实际在写秋天，重点描绘了色彩缤纷、丰收味美以及动物忙碌中的秋景秋意。文中使用了多种修辞手法，或把秋雨拟人化，或把秋雨比喻成生活中常见的事物，读来生动有趣。

朗诵密码

● 朗诵时，我们要展开想象，边读边在脑海中浮现文字所描述的画面，声音中自然就能蕴含着喜爱之情。

● 第二自然段中有很多颜色，我们在朗诵时要突出这些颜色，还要把“这些颜色分别给了谁”表达清楚。

● 读描写秋雨味道的词语时，我们要仿佛真的闻到了这些好闻的气味似的，带着享受去读。

● “藏”“躲”“勾”，这些动词多有趣啊，我们要把它们读得活泼可爱些。

拓展延伸

如果春天的雨也有一盒五彩缤纷的颜料，它会画些什么呢？仿照文中第二自然段写一写。

下雪的声音

金　波

你听过雷声、雨声，你听过风声、涛声。

你听过下雪的声音吗？

下雪的声音是微弱的，微弱得几（jī）近无声。但是，你如果屏气凝神，还是会听到的。

那是怎样的一种声音啊！

像春风拂面而过的声音吗？不，春风来了，倏（shū）忽又去了；下雪的声音却是黏（nián）着你的耳畔，和你亲近着。

像小鸟展翅飞逝的声音吗？不，鸟儿永远是急匆匆的；雪花旋转着舞姿翩翩而至，袅袅婷婷，你必然会听到那伴舞的音乐了。

当你面对满天的玉片银屑纷纷扬扬飘落的时候，当你面对披着明净雪色的山野的时候，你似乎就会听到了下雪的声音。

下雪的声音，好像有至亲好友窸窸窣窣地走来，伏在你的耳边窃窃私语，告诉你一个欣喜的消息。

下雪的声音，好像慈爱母亲的呵护，她用柔暖的胸怀拥着你。

啊，下雪的声音，与其用耳朵倾听，不如用心去感受。

雪，滋润着大地鲜丽的色彩，隐蔽着满野的花花草草，一旦它融化了，一个绚丽的春天就来了。

下雪的声音，春天的序曲。

金波，当代儿童文学作家，著有《我们去看海》《回声》《眼睛树》《感谢往事》等。

走进散文

《下雪的声音》语言优美精妙，饱含了作者对雪的赞美、对春的向往、对大自然的无限热爱。作者在描写下雪的声音时，没有直截了当地告诉我们雪声究竟是怎样的一种声音，而是和匆匆而过的“春风拂面”和“小鸟展翅飞逝”的声音相比较。听着作者的娓娓道来，我们也不知不觉地融入这雪声、雪情、雪景之中。

朗诵密码

● 落雪无声，却有形。朗诵时，我们要想象作者描绘的下雪的场景。

● 读“当你面对满天的玉片银屑纷纷扬扬飘落的时候，当你面对披着明净雪色的山野的时候”时，我们要想象雪花漫天飞舞的样子，语调要高一些，两句要连接紧密。

● 读“下雪的声音，好像有至亲好友窸窸窣窣地走来，伏在你的耳边窃窃私语，告诉你一个欣喜的消息”时，我们的语气要变得轻柔、欢快，好似雪花从耳畔飘过。

拓展延伸

文中说“与其用耳朵倾听，不如用心去感受”。生活中，你有过这种体验吗？和小伙伴们说一说。

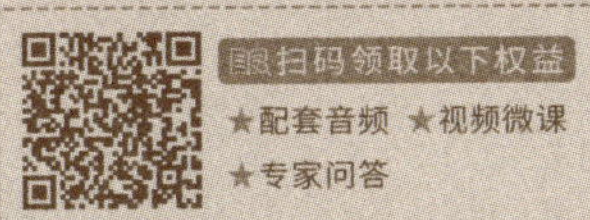

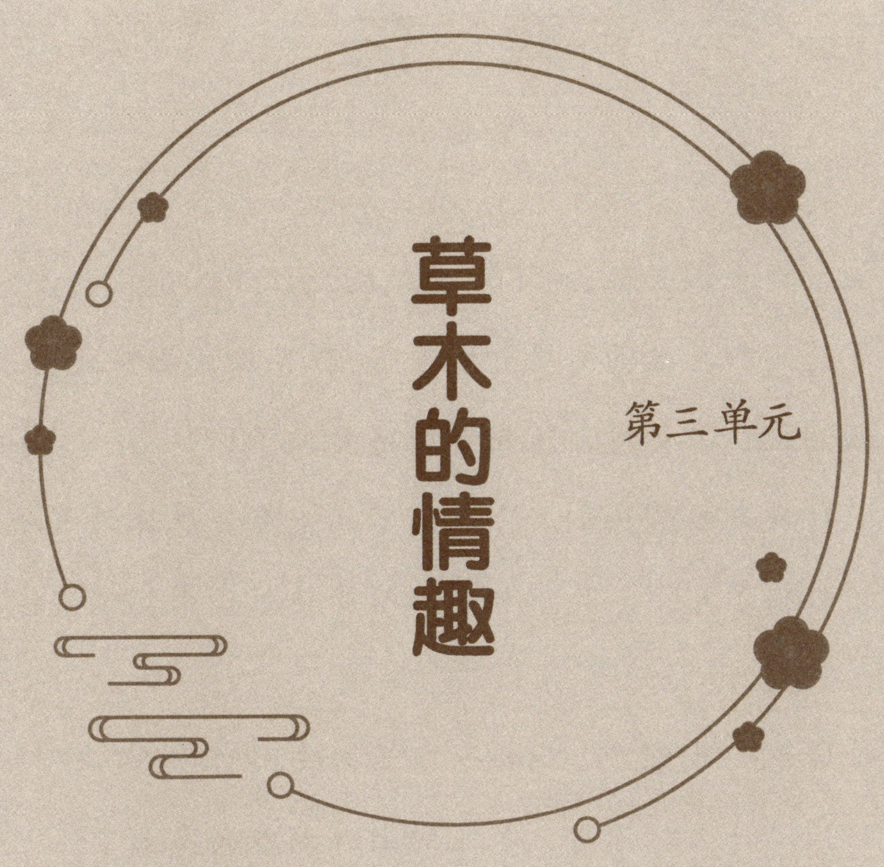

第三单元

草木的情趣

每一棵树，每一朵花，都是有生命的。有生命，就有活力，就有气象。叶有语言，花有姿态，一草一木皆有灵气。草木的情趣，深入大地，深入人心。

梨 花

许地山

她们还在园里玩，也不理会细雨丝丝穿入她们的罗衣。池边梨花的颜色被雨洗得更白净了，但朵朵都懒懒地垂着。

姐姐说：“你看，花儿都倦得要睡了！”

“待我来摇醒他们。”姐姐不及发言，妹妹的手早已抓住树枝摇了几下。花瓣和水珠纷纷地落下来，铺得银片满地，煞是好玩。

妹妹说：“好玩啊，花瓣一离开树枝，就活动起来了！”

“活动什么？你看，花儿的泪都滴在我身上了。”姐姐说这话时，带着几分怒气，推了妹妹一下。她接着说：“我不和你玩了，你自己在这里玩吧。”

妹妹见姐姐走了，直站在树下出神。停了半晌，老妈子走来，牵着她，一面走着一面说：“你看，你的衣服都湿透了。在阴雨天，每日要换几次衣服，叫人到哪里找太阳给你晒去呢？”

落下来的花瓣，有些被她们的鞋印入泥中；有些粘在妹妹身上，被她带走；有些浮在池面，被鱼儿衔入水里。那多情的燕子 / 不歇地把鞋印上的残瓣和软泥 / 一同衔在口中，到梁间去，构成它们的香巢。

许地山，笔名“落华生”，现代作家。著有小说集《缀网劳蛛》，散文集《空山灵雨》等。

本文既写花又写人，结构紧凑，前后呼应。雨中的梨花白净无瑕，姐妹俩也天真纯洁。梨花因姐妹二人而鲜活，姐妹二人因具备梨花纯洁的品格而更可爱。最后一段的描写更让人感受到生命的力量。

朗诵密码

● 文章大篇幅在写姐妹俩的对话。姐姐是护花的小天使，懂花护花；妹妹是玩花的小精灵，摇花舞花。朗诵时，我们要抓住姐妹俩的特点，想象自己生活中相似的情境，把自己变成文中的角色，读出妹妹的调皮可爱，读出姐姐对花儿的疼惜，还可以加上表情、动作等去表现人物不同的性格。

● 姐姐的第一句话是温柔的，第二句话是带着怒气的，我们要读出姐姐语气的变化。

拓展延伸

落下来的花瓣还会去哪里呢？请你展开想象，仿照本文最后一个自然段写一写。

三棵银杏树

叶圣陶

我家屋后有一片空地，十丈见方，前边和右边沿着河，左边是人家的墙。三棵银杏树站在那里。一棵靠着右边，把影子投到河里。两棵在中央，像两个亲密的朋友，手牵着手，肩并着肩。

三棵银杏树有多大的年纪了，没有人知道。父亲说，他小时候，树就这么高这么大了，经过了三十年的岁月，似乎还是这么高这么大。

三棵树的主干都很直，支干也是直的多，偶然有几支屈曲得很古怪，像画上画的。每年冬天，赤裸的支干上生出无数小粒。这些小粒渐渐长大，最后像牛的奶头。

到了春天，绿叶从奶头似的地方伸展出来。我们欢喜地说：“银杏树又穿上新衣裳了！”空地上有了这广大的绿荫，成了最好的游戏场所，我们在那里赛跑、唱歌、扮演戏剧。经过的船常常停泊在右边那一棵的绿荫下面，摇船的歇口气吸一管烟，或者煮一锅饭。这时候，一缕缕烟就袅袅地升起来了。

银杏树的花太小了，很容易被人忽略。去年秋天，我一边拾银杏果，一边问父亲：“银杏树为什么不开花？”父亲笑着说：“不开花哪儿来的果？待来春留心看吧。”今年春天，我看见银杏树的花了，那是很可爱的白里带点儿淡黄的小花。

说起银杏果，不由得想起“烫手啰，热白果”的叫卖声来。白果是银杏树的种子，炒热了，剥掉壳，去了衣，就是绿玉一般的一颗仁，虽然不甜，却有一种特别的清味，我们都喜欢吃。

秋风阵阵地吹，折扇形的黄叶落得满地。风把地上的黄叶吹起来，我们拍手叫道：“一群黄蝴蝶飞起来了！”等到黄叶落尽，三棵老树又赤裸裸的了。屈曲得很古怪的支干上偶然有一两只鹰停在那里，好久好久不动一下，衬着天空的背景，正像一幅古画。

叶圣陶，现代作家、教育家、文学出版家和社会活动家，有“优秀的语言艺术家”之称。著有《稻草人》《西川集》《倪焕之》等。

银杏树质朴无华，在人们眼里再平常不过。叶圣陶先生以朴实、流畅的语言写出了丰富的内容：既写了银杏树冬、春、秋的样子和干、叶、花、果的特点，给人带来了欢乐；又描绘了一幅幅简洁、优美、古朴的画面，给人以美感；同时还表达了他热爱家乡一草一木的情感。

● 读这篇文章，我们的语气要平实，就像在向朋友介绍老家的银杏树一样，语调不要大起大落。

● 读“我”和父亲的对话时，我们可以联想自己和父亲说话时的感觉，读出孩子的天真好奇和父亲的慈祥。

● 作者写银杏果时，表达尤其细腻。我们要抓住“种子”“热”“剥”“去”“仁”等词语进行清楚的表达，让听者仿佛看到画面一般。

野　草

夏　衍

有这样一个故事。

有人问："世界上什么东西的力气最大？"回答纷纭得很，有的说"象"，有的说"狮"，有人开玩笑似的说："是'金刚'"。金刚有多少力气，当然大家全不知道。

结果，这一切答案完全不对，世界上力气最大的，是植物的种子。一粒种子所可以显现出来的力，简直超越一切。

这又是一个故事。

人的头盖骨，结合得非常致密与坚固，生理学家和解剖学者用尽了一切的方法，要把它完整地分开来，都没有这种力气。后来忽然有人发明了一个方法，就是把一些植物的种子放在要剖析的头盖骨里，给它以温度与湿度，使它发芽。一发芽，这些种子便以可怕的力量，将一切机械力所不能分开的骨骼，完整地分开了。植物种子力量之大，如此如此。

这，也许特殊了一点，常人不容易理解。那么，你看见过笋的成长吗？你看见过被压在瓦砾和石块下面的/一棵小草的生长吗？它为着向往阳光，为着达成它的生之意志，不管上面的石块如何重，石块与石块之间如何狭，它必定要曲曲折折地，但是顽强不屈地/透到地面上来。它的根往土壤里钻，它的芽往地面上挺。这是一种不可抗的力，阻止它的石块，结果也被它掀翻。一粒种子的力量的大，如此如此。

没有一个人将小草叫作“大力士”，但是它的力量之大，的确是世界无比。这种力，是一般人看不见的生命力，只要生命存在，这种力就要显现，上面的石块，丝毫不足以阻挡。因为它是一种“长期抗战”的力，有弹性、能屈能伸的力，有韧性、不达目的不止的力。

这种不落在肥土而落在瓦砾中、有生命力的种子决不会悲观和叹气，因为有了阻力才有磨炼。生命开始的一瞬间就带了斗争来的草，才是坚韧的草，也只有这种草，才可以傲然地对那些玻璃棚中养育着的盆花哄笑。

夏衍，现当代文学家、文艺评论家。代表作有话剧剧本《秋瑾传》《上海屋檐下》，报告文学《包身工》等。

这是一篇寓意深刻的散文。作者先用两个故事说明世界上力气最大的事物是种子，突出种子超越一切的力量。接着，作者又通过人们常见的笋的成长、被压在瓦砾和石块下面的小草顽强不屈的生长现象，进一步突出种子不可抗的力量，从而揭示这种力量的真谛——顽强的生命力，“长期抗战”的力，能屈能伸、不畏艰辛、无比坚韧的力。

● 为了表现种子力量之强大，作者举了小草成长的例子。作者在描写小草之力上用了很多动词，如“透”“钻”“挺”“掀翻”等。我们读这些词语时，语气要坚定，要透着力量。

● 这篇文章是作者对野草力量的思考，所以我们读“一粒种子的力量的大，如此如此”这句话时，要饱含赞叹之情。

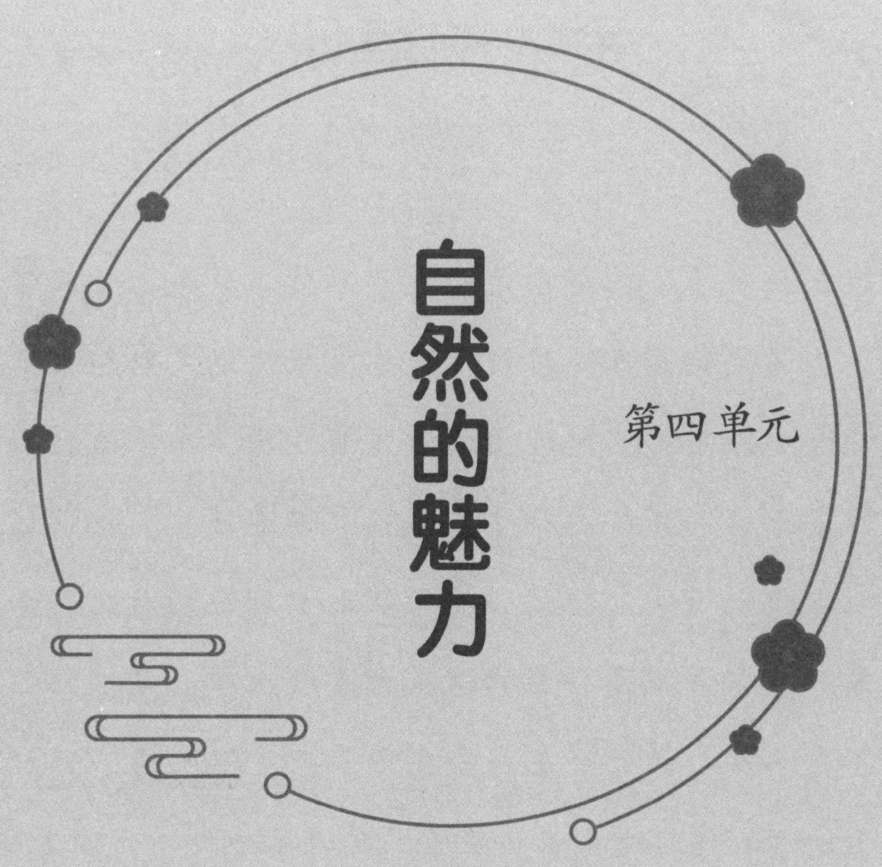

第四单元 自然的魅力

大自然是一本“读不完的大书”。无论是我们赖以生存的地球，还是天上的太阳、星星、云，抑或是地上的植物和动物，里面都有着无尽的奥秘和无穷的乐趣。

金色的草地

［苏联］普里什文

我们住在乡下，窗前是一大片草地。草地上长满了蒲公英。当蒲公英盛开的时候，这片草地就变成金色的了。

我和弟弟常常在草地上玩耍。有一次，弟弟跑在我前面，我装着一本正经的样子，喊："谢廖沙！"他回过头来，我就使劲一吹，把蒲公英的绒毛吹到他的脸上。弟弟也假装打哈欠，把蒲公英的绒毛朝我脸上吹。就这样，这些并不引人注目的蒲公英，给我们带来了不少快乐。

有一天，我起得很早去钓鱼，发现草地并不是金色的，而是绿色的。中午回家的时候，我看见草地是金色的。傍晚的时候，草地又变绿了。这是为什么呢？我来到草地上，仔细观察，发现蒲公英的花瓣是合拢的。原来，蒲公英的花就像我们的手掌，可以张开、合上。花朵张开时，它是金色的，草地也是金色的；花朵合拢时，金色的花瓣被包住，草地就变成绿色的了。

多么可爱的草地！多么有趣的蒲公英！从那时起，蒲公英成了我们最喜爱的一种花。它和我们一起睡觉，和我们一起起床。

（茹香雪 / 译）

普里什文，苏联作家，是公认的语言大师，被高尔基称为“诗人和哲人”。代表作有《在鸟不受惊的地方》《大自然的日历》《林中水滴》《大地的眼睛》等。

本文是个有趣的散文故事。“我”家窗前的草地上有许多蒲公英，每当它开放时，草地就变成了金色。在一个偶然的机会里，“我”发现蒲公英早上和傍晚是合拢的，只有中午才张开金色的花，草地也因此变成金色的。从那时起，蒲公英成了“我们”最喜爱的花。可爱的草地和有趣的蒲公英给“我们”的生活带来了快乐，也给“我们”带来了探索发现的喜悦。

朗诵密码

● 第三自然段描写了作者两次“发现”的过程。朗诵时，我们要对“早”“中午”“傍晚”这些词语加以突出，体现时间的变化；还要强调表示颜色的词语，比如反复出现的“金”“绿”。

● 蒲公英的状态决定了草地的颜色，我们朗诵时还要突出“合拢”“张开”，这样才能清楚地揭开草地颜色变化的秘密。

拓展延伸

大自然有许多有趣的现象，只有细心观察的小朋友才能知道。仔细观察你喜欢的花草树木，说一说你发现了什么。

大自然的文字

［苏联］伊　林

我们认识了文字，就可以读很厚的书，就可以了解世界上的事情了。大自然也有自己的文字。天上的每一颗星就是一个字，脚下的每一粒小石子也是一个字。

古代，当水手们需要在海上寻找道路的时候，他们就去看星星写成的天书。即使他们没有罗盘，也照样不会迷失方向。他们朝天望望，在许多由星星组成的星座当中，会找到小熊星座，在小熊星座当中会找到北极星，有北极星的那边就是北方。

云，也是天空这本大书上的文字。炎热的夏季，远远耸立着一座白色的云山，从这座云山向左右伸出两个尖头，山就变得像铁匠的铁砧了。飞行员知道，砧状云是雷雨的预兆，应该离它远些。如果在它里面飞行，它会把飞机毁掉。

我们脚下的这块土地，在会读它的人看来，也是一本有趣的书。

建筑工地上挖出了一块灰色的石头，你只知道这不过是一块普通的石头，可在懂得大自然文字的人看来，它并不普通。它是石灰石，是由碎贝壳造成的。大家都知道贝类是海洋里的居民，可见在远古时代，现在是城市的这块地方曾经是一片汪洋。

在森林里行走，有时会忽然看到树林当中立着一块很大的花岗石，上面披着青苔，就像披着毛皮一般。它是怎么到这儿来的呢？谁有这么大的力气把它搬到森林里来呢？而且，它又是怎样穿过茂密树林的呢？认识大自然文字的人，立即会说，它不是人搬来的，而是冰搬来的。那些冰块从寒冷的北方“爬”过来，沿路把大大小小的石块带着一起走。这是好久好久以前的事了，当时这儿根本就没有森林。周围的森林是后来才长起来的。

要学会认识大自然的文字，从小就应当到树林里或者田野上走走，注意观察。假如有什么不明白的地方，应再到书里去寻找，看那里有没有解释。你还应该去请教有学问的人：这是什么石头？这是什么树？总是坐在家里的人，永远不会懂得大自然的文字。

（佚名/译）

伊林，苏联自然科学家、科普作家。他从小酷爱读书，喜欢大自然，还喜欢做实验。他的著作《十万个为什么》风靡全球。

本文是一篇浅显生动、颇有情趣的科学小品文。它不仅告诉了我们星星、云、石灰石和花岗石这些大自然的“文字”，而且讲述了辨别这些“文字”的方法和意义，更激发了我们热爱大自然的情感和探索大自然奥秘的兴趣。

● 在描述花岗石的迁移时，作者用了生动的语句，如“搬”“穿”“爬”等，我们在朗诵时要突出这些词语。

● 读“好久好久”“根本”“后来”这些词语时，我们的语气要平和坚定，表达出认识大自然“文字”的人对这一现象的推断是正确的。

蟋蟀的住宅

［法国］法布尔

居住在草地上的蟋蟀，差不多和蝉一样有名。它的出名不光由于它的唱歌，还由于它的住宅。

别的昆虫大多在临时的隐蔽所藏身。它们的隐蔽所得来不费工夫，弃去毫不可惜。蟋蟀和它们不同，不肯随遇而安。它常常慎重地选择住址，一定要排水优良，并且有温和的阳光。它不利用现成的洞穴。它的舒服的住宅是自己一点一点挖掘的，从大厅一直到卧室。

蟋蟀怎么会有建筑住宅的才能呢？它有特别好的工具吗？没有。蟋蟀并不是挖掘技术的专家。它的工具是那样柔弱，所以人们对它的劳动成果感到惊奇。

在儿童时代，我到草地上去捉蟋蟀，把它们养在笼子里，用菜叶喂它们。现在为了研究蟋蟀，我又搜索起它们的巢穴来。

在朝着阳光的堤岸上，青草丛中隐藏着一条倾斜的隧道，即使有骤雨，这里也立刻就会干的。隧道顺着地势弯弯曲曲，最多不过九寸深，一指宽，这便是蟋蟀的住宅。出口的地方总有一丛草半掩着，就像一座门。蟋蟀出来吃周围的嫩草，决不去碰这一丛草。那微斜的门口，经过仔细耙扫，收拾得很平坦。这就是蟋蟀的平台。当四周很安静的时候，蟋蟀就在这平台上弹琴。

屋子的内部没什么布置，但是墙壁很光滑。主人有的是时间，把粗糙的地方修理平整。大体上讲，住所是很简朴的，清洁、干燥，很卫生。假使我们想到蟋蟀用来挖掘的工具是那样简单，这座住宅真可以算是伟大的工程了。

蟋蟀盖房子大多是在十月，秋天初寒的时候。它用前足扒土，还用钳子搬掉较大的土块。它用强有力的后足踏地。后腿上有两排锯，用它将泥土推到后面，倾斜地铺开。

工作做得很快。蟋蟀钻到土底下干活，如果感到疲劳，它就在未完工的家门口休息一会儿，头朝着外面，触须轻微地摆动。不大一会儿，它又进去继续工作。我一连看了两个钟头，看得有些不耐烦了。

住宅的重要部分快完成了。洞已经挖了有两寸深，够宽敞的了。余下的是长时间的整修，今天做一点，明天做一点。这个洞可以随天气的变冷和它身体的增长而加深加阔。即使在冬天，只要气候温和，太阳晒到它住宅的门口，还可以看见蟋蟀从里面不断地抛出泥土来。

（佚名／译）

走近作家

法布尔，法国昆虫学家、文学家、博物学家，被称为“昆虫界的荷马”“昆虫界的维吉尔”。著有《昆虫记》《自然科学编年史》等。

走进散文

本文是作者的一篇观察笔记。他对蟋蟀的观察非常细致，用富有情趣的语言，以拟人的手法，将蟋蟀住宅的特点以及修建住宅的经过写得饶有趣味。在他的笔下，蟋蟀如同人一般，热爱生活，吃苦耐劳，不随遇而安。作者对蟋蟀的喜爱之情也跃然纸上。

朗诵密码

● 第五自然段介绍了蟋蟀的住宅。读“隧道”“住宅”“平台”的时候，我们要将这些词语表达清楚。

● 作者不仅介绍了蟋蟀住宅的位置，还介绍了蟋蟀在这些地方做了什么。朗诵时，我们突出“碰”“耙扫”“弹琴”等词语，就会让听者仿佛看到了蟋蟀的活动。

拓展延伸

法布尔的《昆虫记》中写了很多小昆虫的趣事。请你找来《昆虫记》读一读，把你最喜欢的一篇故事讲给家人听。

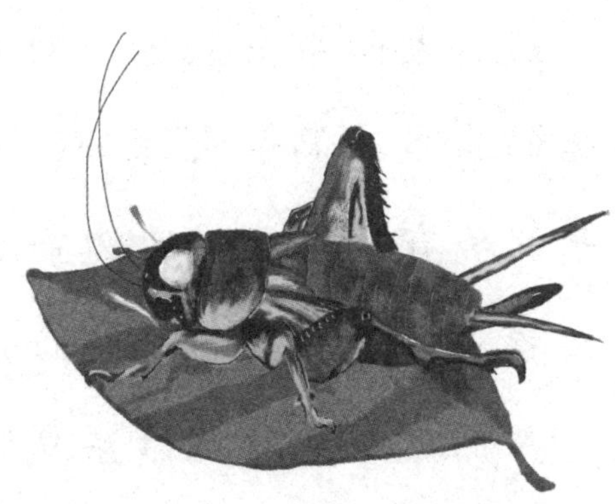

可爱的地球

［美国］鲁斯·坎贝尔

我登上月球以后最强烈的感受，就是对地球的爱更深了。地球虽然有缺点，可是比其他星球强多了。月球满目凄凉、到处窟窿，金星被炽热的气体包裹着，火星周围则笼罩着一层冰冷的二氧化碳。它们都不适合人类居住。

地球对我们却非常合适。它有个美妙的大气层。氧气的含量恰到好处，使我们不至于过度兴奋，也不会自行焚化。混合而成的空气又有足够的强度，使我们到处感觉到它的存在。这无疑是太阳系中最美好的大气层。在工厂密布和充斥汽油味的城市，偶尔吹过一阵清风，就会提醒我们，清洁的空气的确有益于人们的健康。

地球的一大特点，是它有斜轴。正是斜轴，造成了四季的交替变化。人们可以毛衣之后穿夏装，绿叶之后赏红叶，避免生活单调。

我们很幸运，地球自转一周是二十四小时，这样的速度也刚好合适。你想一想，地球如果转得像土星一样快，每十小时自转一次，情形会怎么样？你就要不断地上床、起床了。

有些人批评过地球的引力，说它太强，人从一两米那么高的地方跌下来，就会把腿摔断了。不过它也有一些很大的好处足以与此相抵，例如房子不会轻易被风吹走。

有时候我们也听到有人埋怨地球上的气候。但是，无论天气多坏，也比根本没有好。如果人在月球上相遇，恐怕没有什么可寒暄的。也许只能说："这个季节，陨石似乎多了一点。"接下来就只好僵住，相对无言了。

地球千秋万世运转不停，只要妥善维护，总可以做我们永世的乐土。虽然这个乐土不能全无风波，优点却不容抹杀。谈到这里，我不禁想起曾驾驶太空船绕月飞行的安德斯上校。他接受电视访问时说过，从太空看地球，他最惊奇的是地球的色彩和渺小。他强调说："我觉得大家应该同心协力，维护这个微小、美丽而脆弱的星球。"

（佚名／译）

走近作家

鲁斯·坎贝尔，美国登月宇航员，乘坐“阿波罗”号载人宇宙飞船登上月球。

走进散文

本文通过通俗、朴实的语言描述了地球的特点，以及这些特点对人类生存的好处，激发读者珍爱地球、善待地球的情感，渗透出保护地球生态环境的意义。

朗诵密码

文章开篇即表达了作者登上月球的强烈感受，用对比的手法将月球、金星、火星同地球进行比较，突出地球的优势。读第一自然段时，我们可以抓住“满目”“到处”“炽热”“冰冷”等词语，表现出其他星球不适宜人类居住的特点，从而体会到作者对地球的爱“更深”了。

拓展延伸

地球就像一位无私的母亲，把她所拥有的一切都给了我们，可是人类乱砍滥伐、乱扔垃圾……这给地球母亲带来了很多伤痛。此刻，你想对我们的地球母亲说些什么？

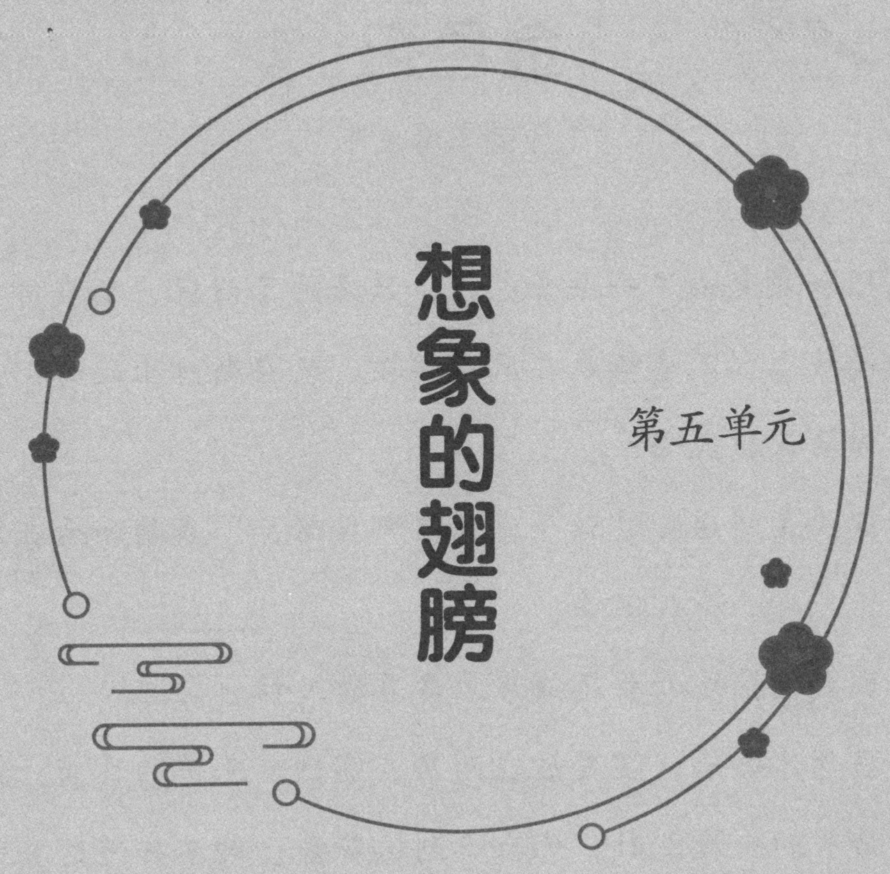

第五单元 想象的翅膀

给自己一双想象的翅膀，让这双翅膀带我们跨越无数的山河，欣赏五彩的世界，享受有趣的生活；也让这双翅膀带我们勇往直前，披荆斩棘，收获成长的快乐。

金色花

[印度] 泰戈尔

假如我变成了一朵金色花，只是为了好玩，长在那棵树的高枝上，笑嘻嘻地在风中摇摆，又在新叶上跳舞，妈妈，你会认识我吗？

你要是叫道：“孩子，你在哪里呀？”我暗暗地在那里匿笑，却一声儿不响。

我要悄悄地开放花瓣儿，看着你工作。

当你沐浴后，湿发披在两肩，穿过金色花的林荫，走到做祷告的小庭院时，你会嗅到这花香，却不知道这香气是从我身上来的。

当你吃过中饭，坐在窗前读《罗摩衍那》，那棵树的阴影落在你的头发与膝上时，我便要投我小小的影子在你的书页上，正投在你所读的地方。

但是你会猜得出这就是你孩子的小小影子吗？

当你黄昏时拿了灯到牛棚里去，我便要突然地再落到地上来，又成了你的孩子，求你讲个故事给我听。

“你到哪里去了，你这坏孩子？”

“我不告诉你，妈妈。”这就是你同我那时所要说的话了。

（郑振铎 / 译）

泰戈尔，印度诗人、作家，著有诗集《新月集》《园丁集》《飞鸟集》等，1913 年获诺贝尔文学奖。

这篇散文充满童趣，处处洋溢着爱。“我”想把自己变成一朵金色花，和妈妈玩捉迷藏的游戏。他们玩了三次：妈妈做祷告时，“我”开放花瓣散发香气；妈妈读书时，“我”将影子投在书页上；妈妈去牛棚时，“我”恢复孩子的样子，求妈妈讲故事。在游戏中，“我”用微小的行动表达对妈妈的爱。朗诵时，我们的声音要轻快明亮，透出孩子的机灵和调皮。

朗诵密码

● 这是个机灵调皮又处处透着可爱的孩子，他想象自己变成了一朵金色花，“暗暗地”“悄悄地”和妈妈捉迷藏，生怕被发现。读到这些词时，我们的声音要轻而柔，表现出神秘的感觉。

●“笑嘻嘻”“突然地”这些词语展现了孩子骄傲得意、调皮、快乐的心情，朗诵时我们的声音要明亮，显出孩子的活泼。

●“你到哪里去了，你这坏孩子？”一句，看似是妈妈在责怪孩子，但语气里却充满了爱。

●“我不告诉你，妈妈”这一句，我们可以笑着读出来，表现孩子对妈妈的爱。

拓展延伸

生活中，你和妈妈一起做过游戏吗？你们有哪些美好的回忆呢？试着把它写下来吧。

草地上的联欢会

吴　然

一场夏雨过后，林中的草地上，多了一些小花朵，还多了一些蘑菇娃娃的小花伞。

小花朵是湿淋淋的、新鲜的。这些野菊、金盏花、长春花、紫罗兰、香石竹，还有龙爪花、萱草和一串红呵！

是小花朵邀请蘑菇娃娃来草地上联欢吗？胖胖的蘑菇娃娃打着小花伞来了。多么娇嫩的蘑菇娃娃，多么好看的小花伞。

有点害羞的蘑菇娃娃，被小花朵的热情感动了。很快她们就互相亲热起来，一点也不拘束了。

她们开始唱歌。小花朵仰着小脸蛋，拍着绿叶小手。蘑菇娃娃文静些，不过也唱得挺起劲。

她们是在歌唱树林里的风，歌唱阳光和雨水，歌唱夜里的星星和月亮，还是在歌唱一个美丽的梦想？

一只蝴蝶飞过来，悄悄告诉我——

小花朵在赞美阳光和雨水，给了她们芬芳。

而蘑菇娃娃呢，一直在感谢太阳和雨水，使她们撑开了小花伞，受到山村孩子的赞美。

吴然，当代作家。著有散文集《小鸟在歌唱》《小霞客西南游》《天使的花房》等。

雨后的草地上，花朵更鲜了，蘑菇更嫩了。在作者的眼中，热情的小花朵和害羞的蘑菇娃娃在草地上互动交流，共同欢唱，原本安静的草地一下子热闹起来。欢唱还引来了蝴蝶。作者借蝴蝶告诉我们，小花朵和蘑菇娃娃知道是阳光和雨水让花朵更鲜、让蘑菇更嫩，并且向阳光和雨水表达感谢。

朗诵密码

● 文章里的描写细腻生动。朗诵时，我们要边读边想象画面，展现小花朵和蘑菇娃娃的特点，如小花朵是“湿淋淋”“新鲜”的，蘑菇娃娃是“胖胖”“娇嫩”“好看”的。

● 它们联欢时，表现是不同的。我们要突出它们的动作，如“仰”“拍”“唱”，语气要轻快跳跃，展现活泼的场景。

拓展延伸

小花朵和胖胖的蘑菇娃娃玩得可真开心，还会有谁来参加这场热闹的联欢会呢？试着写写吧！

如果世界重新开始

陈诗哥

如果世界重新开始，那将会发生什么事情呢？

如果世界重新开始，那将是一个早晨，不，那时候，早晨不再叫早晨，而叫“安古”，那是婴儿发出的第一个声音。

“早晨”是一只鸟儿的名字。

因此，每个安古/我们都会听到早晨在歌唱。

如果世界重新开始，天空也不再叫天空，而叫游泳池，一个巨大的游泳池。

云也不再叫云，而叫鱼。

太阳也不再叫太阳，而叫土豆。太阳是一条狗的名字。

每天，当土豆升起来的时候，我们会看到白色的、红色的、蓝色的鱼在巨大的游泳池里游泳。而太阳在下面汪汪叫。

如果世界重新开始——
天空是一只猫的名字；
月亮是一头猪的名字；
云是一头牛的名字；
而星星则是一只鸡的名字。

如果世界重新开始，风就会快乐地吹过来。

不，那时候，风也不再叫风了，而叫什么呢？

大象。

同样，玫瑰也不再叫玫瑰了，而叫什么呢？

老虎。

同样，树木也不再叫树木了，而叫什么呢？

豹子。

同样，草儿也不再叫草儿了，而叫什么呢？

狼。

于是，我们就会看到这芳香的一幕：

如果世界重新开始，大象会快乐地飞过来，在老虎的旁边轻快地跳舞，而豹子和狼在旁边鼓掌，大声叫好。

如果世界重新开始——

老虎也不再叫老虎了，而叫七弦琴；

大象也不再叫大象了，而叫小提琴；

黑熊也不再叫黑熊了，而叫钢琴；

长颈鹿也不再叫长颈鹿了，而叫二胡；

猴子也不再叫猴子了，而叫吉他。

那么，星期天我们将会干什么呢？

我们将会去动物园，看凶猛的七弦琴、小提琴、钢琴、二胡和吉他。

在动物园里，这些凶猛的动物会仰天长啸，举行一场伟大的演奏会。

不过有时候，它们看着我们，心里也会在嘀咕：这些像猴子，不，像吉他的家伙到底叫什么呢？

是啊，如果世界重新开始，人会叫什么呢？

石头？菠萝？一截桃花心木？还是一只乌鸦？

你的答案是什么呢？

——仙人掌。

陈诗哥，当代儿童文学作家，著有《风居住的街道》《几乎什么都有国王》《童话之书》等。

你想过如果世界重新开始，会发生什么事情吗？在作者神奇的想象中：婴儿发出的第一声“安古”成了“早晨”，而“早晨”成了一只鸟的名字。不，还不止这些，许多事物的名称都和我们现在知道的不一样，很不一样——一只叫“天空”的猫，我们吹着的风叫“大象”，动物园成了乐器世界，而人可能叫“仙人掌”。原来，想象也可以这样天马行空！

朗诵密码

● 这篇文章想象奇妙，作者沉浸在自己的想象之中，心情是快乐的。随着文字，我们也变得快乐。因此，我们要读得轻快一些，像做游戏一样。

● 其实，文章不仅想象奇妙，结构也很巧妙。我们读问句时，语气要上扬；读答案时，语气要坚定。

● 再瞧，“大象”飞，“老虎”跳舞，动物园里开演奏会，那场面多么有趣啊！哈哈，我好像听到你读着读着没忍住发出的笑声了。

拓展延伸

在你的眼中，如果世界重新开始，会是怎样一番景象呢？请你展开想象，也来创作一篇《如果世界重新开始》吧！

假如给我三天光明

[美国] 海伦·凯勒

我常想，要是每个人都能在成年早期，忽然失明、失聪几天，也许是件好事。漆黑，会让人更加珍惜视力，而静寂则能让人明白，听到声音是多么美妙。我虽然失明，但凭着触摸已发现数之不尽的有趣的事物，也常渴望能见到这些事物。如果我能看见，就一定能够发现更多精彩美丽的东西。因此，我常想象，假如我有三天时间视力正常，最盼望看见谁呢？假如，我有三天光明！

第一天，我要看看每一个善待我、陪伴我的朋友。我自小就只能靠指尖去“看”人家的脸，如果视力正常，便一下子能看到眼前人微妙的表情变化，这是件多么令人愉悦的事啊！这一天，我会很忙碌，我要把所有的好朋友都请来，长久凝望着他们的脸。下午，我会到树林里去散步，当晚我想我一定舍不得入睡。

第二天，我会黎明即起，怀着敬畏之心，仰望着太阳唤醒沉睡的大地。这天，我要看看人类发展的历程和人类的精神灵魂，我要去历史博物馆、艺术博物馆。晚上，我会在剧场里度过。过去，我只能通过地板的振动来感受音乐的存在，今天我将看见由真人扮演的哈姆雷特和芭蕾舞家芭夫洛娃旋转的舞姿！

今天，是第三天了，我要到俗世里去生活。首先，我会站在热闹的街角望着其他人。看到笑容我会开心，看到坚定的眼神我会引以为荣，而看到痛苦的神色，我会同情。我会一直睁大眼睛，将所有幸福和痛苦的景象/都看得仔细。第三天就要结束了，也许还有很多重要严肃的问题，但是我想，我还是要跑到剧场里/去看一场狂喜的滑稽戏，欣赏到人类精神世界中/喜剧的赞音！

到了午夜，永久的黑暗/又再次将我重重包围。在这短短的三天里，我自然无法看尽我想看的东西，只有黑暗再次向我袭来之时，我才感到/我没有看到的东西实在太多了。不过我的脑海里充满了壮丽的回忆，以至于我根本没有时间去懊悔。

朋友，如果有朝一日，你会变成一个盲人——如果你真的面临着那样的厄运，那你的眼睛就会在你过去从不留神的事物中，为今后漫长的黑夜，储存记忆。你将比以往更好地利用自己的眼睛，你所看到的每一件东西都是那么珍贵。然后，你将真正看到一个美丽的世界在你面前展开！

（本文为节选，佚名／译）

走近作家

海伦·凯勒，美国作家。她 19 个月的时候因病被迫失去视力和听力，后来凭借顽强的毅力克服了生理缺陷所造成的精神痛苦，一生写了 14 部著作，被美国《时代周刊》评选为“20 世纪美国十大英雄偶像”之一。

走进散文

海伦·凯勒描述了如果她拥有三天光明，她想做的事。这是想象出来的三天，她用家常的话语直白地表达了自己的内心世界。这三天是充满惊喜和难以忘怀的三天，每段文字都既坦诚、真挚，又感染人、鼓舞人。

朗诵密码

● 在这三天里，海伦对世人的生活进行了观察。朗诵时，我们要通过兴奋的语气表达她内心的欣喜。

● 眼看第三天就要结束了，她却要抓住最后的光明去看一场滑稽戏，我们要通过热烈的语气表达出她对光明的热爱，对快乐的渴望。

● 午夜时分，黑暗袭来。读“到了午夜，永久的黑暗又再次将我重重包围”时，我们的语调要降下来，语速要慢下来。但是读下面的“不过我的脑海里充满了壮丽的回忆，以至于我根本没有时间去懊悔”时，我们的语气再度兴奋，因为曾经拥有的短暂的光明仍然充满着海伦的内心。

拓展延伸

假如你也只有三天光明，你会怎样使用你自己的眼睛？你最想让你的目光停留在什么上面呢？

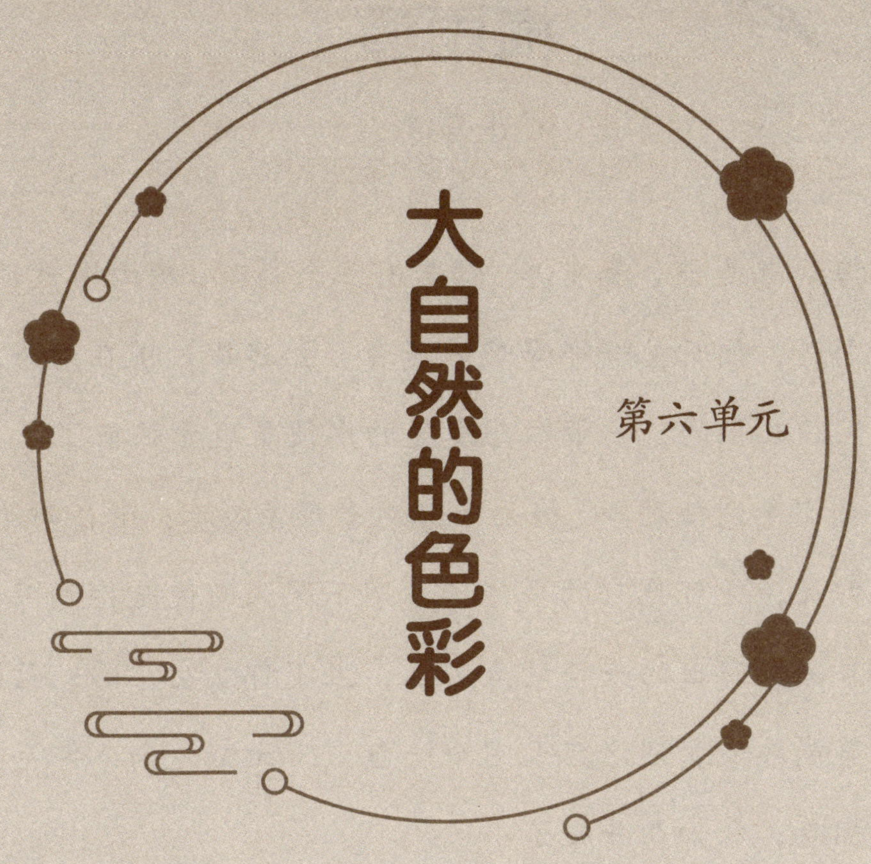

第六单元 大自然的色彩

大自然手握一盘五彩缤纷的颜料，于是就有了花红、柳绿、天蓝、云白……而你独爱这绿，因为这绿里有生机、有活力，有生命的力量！

梅雨潭

朱自清

梅雨潭是一个瀑布潭。仙岩有三个瀑布，梅雨瀑最低。走到山边，便听见哗哗哗哗的声音；抬起头，镶在两条湿湿的黑边儿里的，一带白而发亮的水便呈现于眼前了。

我们先到梅雨亭。梅雨亭正对着那条瀑布；坐在亭边，不必仰头，便可见它的全体了。亭下深深的便是梅雨潭。这个亭踞在突出的一角的岩石上，上下都空空儿的；仿佛一只苍鹰展着翼翅浮在天宇中一般。三面都是山，像半个环儿拥着；人如在井底了。

这是一个秋季的 / 薄（bó）阴的天气。微微的云在我们顶上流着；岩面与草丛都从润湿中 / 透出几分油油的绿意。而瀑布也似乎分外的响了。那瀑布从上面冲下，仿佛已被扯成大小的几绺（liǔ）；不复是一幅整齐而平滑的布。岩上有许多棱角；瀑流经过时，作急剧的撞击，便飞花碎玉般乱溅着了。那溅着的水花，晶莹而多芒；远望去，像一朵朵小小的白梅，微雨似的纷纷落着。

据说，这就是梅雨潭之所以得名了。但我觉得像杨花，格外确切些。轻风起来时，点点随风飘散，那更是杨花了。——这时偶然有几点送入我们温暖的怀里，便倏(shū)地钻了进去，再也寻它不着。

（节选自朱自清的《绿》）

朱自清，现代散文家、诗人。其散文风格朴素缜密、清隽沉郁，以语言洗练、文笔秀丽著称。著有诗文集《踪迹》，散文集《背影》《欧游杂记》《你我》，文艺论著《诗言志辨》《论雅俗共赏》等。

选文节奏舒缓，语调欢快，画面的基本色调是绿色。在这绿色的山野里，作者又多处运用比喻手法，如把湿湿的岩壁比作镶嵌瀑布的黑边，把踞在凌空岩角的梅雨亭比作一只展着翼翅浮在天宇中的苍鹰等，既形象地描绘了梅雨亭奇妙、险峻的姿态，又富有新意，给读者留下了深刻的印象。

● 朗诵时，我们要用心体会朱自清先生散文的一大特色——绘画美，要边读边想象画面，把我们的语言当作一支画笔，细细描摹这画面的美。如读“微微的云在我们顶上流着；岩面与草丛都从润湿中透出几分油油的绿意”这句时，我们要突出事物的样态。

● 在描写瀑布流动的状态时，作者分外细致地用了一连串的动词，如“冲”“扯”“撞击”等。我们在朗诵时强调这些词，就能让听者仿佛看到瀑布流动的样子。

岩面与草丛“透出几分油油的绿意”，深深的梅雨潭以及踞于岩角的梅雨亭也都是绿的，在《绿》一文中还会有哪些绿韵呢？找找《绿》的全文，继续品“绿”吧。

西湖的“绿”

宗　璞

雨中去访灵隐，一下车，只觉得绿意扑眼而来。道旁古木参天，苍翠欲滴，似乎飘着的雨丝儿也是绿的。飞来峰上层层叠叠的树木，有的绿得发黑，深极了，浓极了；有的绿得发蓝，浅极了，亮极了。峰下蜿蜒的小径，布满青苔，直绿到石头缝里。亭旁溪水淙淙，说是溪水，其实表达不出那奔流的气势。平稳处也是碧澄澄的，流得急了，水花飞溅，如飞珠滚玉一般，在这一片绿色的影中显得分外好看。

西湖胜景很多，各处有不同的好处，即使一个绿色，也各有不同。黄龙洞绿得幽，屏风山绿得野，九溪十八涧绿得闲。不能一一去说。漫步苏堤，两边都是湖水，远水如烟，近水着了微雨，也泛起一层银灰的颜色。走着走着，忽见路旁的树十分古怪，一棵棵树身虽然离得较远，却给人一种莽莽苍苍的感觉，似乎是从树梢一直绿到了地下。

走近看时，原来是树身上布满了绿茸茸的青苔，那样鲜嫩，那样可爱，使得绿油油的苏堤，更加绿了几分。有的青苔，形状也有趣，如耕牛，如牧人，如树木，如云霞，有的整片看来，布局宛然一幅青绿山水。这种绿苔，给我的印象是坚忍不拔，不知当初苏公（即苏轼，他在杭州任职期间曾浚（jùn）湖筑堤）对它们印象怎样。

在花港观鱼，看到了又一种绿。那是满池的新荷，圆圆的绿叶，或亭亭立于水上，或弯弯靠在水面，只觉得一种蓬勃的生机，跳跃满池。绿色，本来是生命的颜色。我最爱看初春的杨柳的嫩枝，那样鲜，那样亮，柳枝儿一摆，似乎蹬着脚告诉你，春天来了。荷叶则要持重一些，初夏则更成熟一些，但那透过活泼的绿色表现出来的茁壮的生命力，是一样的。再加上叶面上的水珠儿滴溜溜滚着，简直好像满池荷叶都要裙袂飞扬，翩然起舞了。

从花港乘船而回，雨已停了，远山青中带紫，如同凝住了一段云霞。波平如镜，船儿在水面上滑行，只有桨声，愈增加了一湖的幽静。

（节选自宗璞的《西湖漫笔》）

走近作家

宗璞，当代作家，著有《东藏记》《红豆》《丁香结》《紫藤萝瀑布》等。长篇小说《东藏记》获第六届矛盾文学奖，《北归记》获第三届施耐庵文学奖。

走进散文

这是一篇写景抒情的游记散文。标题中的“绿”有两层含义：一指绿色，二指西湖的胜景。跟随文字，我们与作者一起欣赏西湖丰富的“绿”，共同感受“绿”的神韵。灵隐的“绿”，绿得逼人，绿得有层次；苏堤的“绿”，有意趣且对比鲜明，既“莽莽苍苍”，又“鲜嫩可爱”；花港的“绿”，则充满生机。

朗诵密码

● 灵隐的“绿”扑眼而来，到处都是绿色，让人看都看不过来，我们要读得慢一点儿。

● 接下来的树木和小径都是绿的，却又绿得不同，我们要读出其中的变化。

● 苏堤的“绿”变化多端，树木身上绿茸茸的青苔鲜嫩可爱、形状多样，我们要注意短句的连读，读出青苔的怪。

● 花港的“绿”生机勃勃，我们要读出柳枝儿的动态和水珠的调皮。

● 总之，我们要一边读一边想象文字所描绘的情景，在读中品味西湖的“绿”的多彩、多姿、多情。

拓展延伸

每年来西湖游览的人成千上万，请你根据选文的描述，在灵隐、苏堤、花港三地中任选一处，写一段导游词（尽量用上选文中的词语）。

我的导游词

____

____

____

____

春雨的色彩

楼飞甫

春雨，像春姑娘纺出的线，没完没了地下到地上，沙沙沙，沙沙沙……

一群小鸟在屋檐下躲雨，它们在争论一个有趣的问题：春雨到底是什么颜色的？

小白鸽说：“春雨是无色的。你们伸手接几滴瞧瞧吧。”

小燕子说：“不对，春雨是绿色的。你们瞧，春雨落到草地上，草地绿了；春雨淋在柳树上，柳树绿了。”

麻雀说：“不，不！春雨是红色的。你们瞧，春雨洒在桃树上，桃花红了；春雨滴在杏树上，杏花红了。”

小黄莺说：“不对，不对，春雨是黄色的，不是吗？它落在油菜地里，油菜花黄了；它落在蒲公英上，蒲公英的花也黄了。”

春雨听了大家的争论，下得更欢了，沙沙沙，沙沙

沙……它好像在说："亲爱的小鸟们，你们的话都对，但都没说全面。我本身是无色的，但能给春天的大地 / 带来万紫千红。"

这是一篇非常有趣的散文，写了一群小鸟在争论春雨到底是什么颜色的故事。小燕子说春雨是绿色的，麻雀说春雨是红色的，小黄莺说春雨是黄色的。它们各有各的理由。春雨听了它们的争论，下得更欢了。这些绘声绘色的描写给孩子们新鲜感，能启发他们去认识春雨与各种植物的关系，进而感受春天的美。

● 朗诵时，我们可以想象平时生活中与人争论的场景，通过变化的节奏和不同的语气把"你一言，我一语"的场景表现出来，要重点突出四只小鸟所认为的颜色。

● 除了小白鸽，其他三只小鸟还描述了具体的场景，比如草绿、柳树绿、桃花红、油菜花黄等，我们要在脑海中形成这些画面，语调要舒缓，尽情地描摹画面，这样才能将听者带入美妙的春天之中。

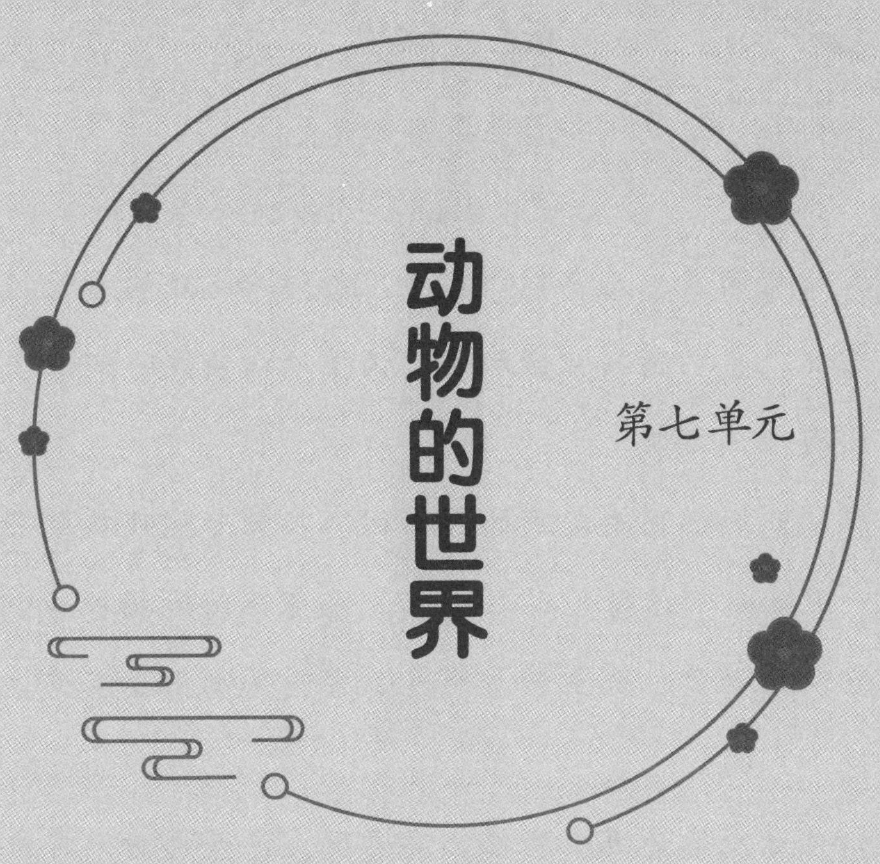

第七单元 动物的世界

夏日的芦苇丛中，一明一暗的萤火虫在追逐嬉戏；柳树枝头，蝉儿在鸣唱；还有那蝈蝈、蜻蜓……这些大自然的精灵无不让人向往自然。它们留下的不仅仅是美好，还有思考，比如一生都在伪装自己的枯叶蝴蝶。

麻　雀

[俄罗斯]屠格涅夫

我打猎回来，走在林荫路上。猎狗跑在我的前面。

突然，我的猎狗放慢脚步，悄悄地向前走，好像嗅到了前面有什么野物。

风猛烈地摇撼着路旁的白桦树。我顺着林荫路望去，看见一只小麻雀呆呆地站在地上，无可奈何地拍打着小翅膀。它嘴角嫩黄，头上长着绒毛，分明是刚出生不久，从巢里掉下来的。

猎狗慢慢地走近小麻雀，嗅了嗅，张开大嘴，露出锋利的牙齿。突然，一只老麻雀从一棵树上飞下来，像一块石头似的落在猎狗面前。它挓挲（zhā sha）起全身的羽毛，绝望地尖叫着。

老麻雀用自己的身躯掩护着小麻雀，想拯救自己的幼儿。可是因为紧张，它浑身发抖，发出嘶哑的声音，准备着一场搏斗。在它看来，猎狗是个多么庞大的怪物啊！可是它不能安然地站在高高的 / 没有危险的树枝上，一种强大的力量使它飞了下来。

猎狗愣住了，它可能没料到老麻雀会有这么大的勇气，慢慢地，慢慢地向后退。

我急忙唤回我的猎狗，带着它走开了。

是的。请不要见笑。我崇敬那只小小的、英勇的鸟儿，我崇敬它那种爱的冲动和力量。

爱。据我想，比死，比死的恐惧更强大。唯有依靠它，唯有依靠这种爱，生命才得以维持下去，发展下去。

（巴金 / 译）

屠格涅夫，19 世纪俄国批判现实主义作家，“俄罗斯文学三巨头”之一。他的主要作品有长篇小说《罗亭》《贵族之家》《前夜》《父与子》《烟》《处女地》，中篇小说《阿霞》《春潮》等。

走进散文

一只猎狗想要吃小麻雀，老麻雀像石头似的从树上落到猎狗面前，奋不顾身地拯救小麻雀。猎狗被吓退了。麻雀与猎狗的对峙，是弱小与强大的抗争。在作者细腻的描写中，我们更能体会“母爱”的力量。

朗诵密码

● 朗诵猎狗和老麻雀对决的画面时，我们需要突出“慢慢”“嗅”等词语，语调低一些，语速慢一些，来表达猎狗的可怕。

● “一块石头”“挓挲”“绝望”这些词语展现了老麻雀复杂的心理：落下来的决绝和面对强敌时的绝望。读这些语句时，语速要快一些，语气要紧张起来。

● 作者还写出了老麻雀的内心。朗诵时，我们要突出“掩护”“拯救”“发抖”等词语。老麻雀明知敌不过猎狗，却又奋不顾身地去拯救幼儿。这样的母爱，令人肃然起敬。

拓展延伸

读这篇文章，我们好像在看连环画，一幅一幅的画面涌现在眼前。你看到了哪几个画面呢？可以画下来。

萤火虫

贾祖璋

满天的繁星在树头辉耀着；黑暗中，四周都是黑魆魆的树影；只有东面的一池水，在微风中把天上的星，皱作一缕缕的银波，反映出一些光辉来。池边几丛的芦苇和一片稻田，也是黑魆魆的。但芦苇在风中摇曳的姿态，却隐约可以辨认，这芦苇底下和田边的草丛，是萤火虫的发祥地。它们一个个从草丛中起来，是忽明忽暗的一点点的白光，好似天上的繁星，一个个在那里移动。最有趣的是这些白光虽然乱窜，但也有一些追逐的形迹，有时一个飞在前面，亮了起来，另一个就会向它一直赶去，但前面一个忽然隐没了，或者飞到水面上，与水中的星光混杂了；或者飞入芦苇或稻田里，给那枝叶遮住，于是追逐者失了目标，就迟疑地转换方向飞去。有时反给别个萤火虫作为追逐的目标了。而且这样的追逐往往不止一对，所以水面上、稻田上，一明一暗、一上一下的闪闪的白光/与天上的星光同样繁多；尤其是在水面的，映着皱起的银波，那情景是很有趣的。

（本文为节选）

走近作家

贾祖璋，著名科普作家与编辑家，中国科学小品文的开拓者之一。著有《花儿为什么这样红》《鸟与文学》《蝉》《南州六月荔枝丹》等。

走进散文

美妙的夏夜，怎能少了萤火虫的身影呢？本文从萤火虫的发祥地写起，接着描绘了萤火虫纷飞——忽明忽暗、你追我赶的情景。这些看似乱窜的小精灵们，其实是有追逐的形迹的，一对、两对……就在这追逐间，在这一明一暗间，这些闪闪的身影已印在了我们的心间。

朗诵密码

● 在描写萤火虫“追逐的形迹”时，作者的笔触是非常细腻的。朗诵时，我们要抓住“前”“亮”“赶”等关键词细细地描摹，把萤火虫追逐的样子表达出来。

● 众多萤火虫追逐时，“一明一暗、一上一下”的样子非常动人。“明”要读得响亮一些，“暗”则要轻读；读“上”“下”时，我们的视线可以辅以相应的动作，这样可以让画面感更加强烈。

拓展延伸

萤火虫为什么会发光？它还有什么特点？请你查找资料，向同学们介绍一下。

枯叶蝴蝶

徐　迟

峨眉山下，伏虎寺旁，有一种蝴蝶，比最美丽的蝴蝶可能还要美丽些，它们是峨眉山最珍贵的特产之一。

当它合起两张翅膀的时候，像生长在树枝上的一张干枯的树叶。谁也不去注意它，谁也不会瞧它一眼。

它收敛了它的花纹、图案，隐藏了它的粉墨、彩色，逸出了繁华的花丛，停止了它翩翔的姿态，变成了一张憔悴的、干枯了的，甚至不是枯黄的，而是枯槁（gǎo）的，如同死灰颜色的枯叶。

它这样伪装，是为了保护自己。但是它还是逃不脱被捕捉的命运。不仅因为它的美丽，更因为/它那用来隐蔽它的美丽的枯槁与憔悴。

它以为它这样做可以保护自己，殊不知它这样做更教人去搜捕它。有一种生物比它还聪明，这种生物的特技之一是装假作伪，因此装假作伪这种行径是瞒不过这种生物——人的。

人把它捕捉，将它制成标本，作为一种商品去出售，价钱越来越高。最后几乎把它捕捉得再也没有了。这一生物品种快要绝种了。

到这时候，国家才下令禁止捕捉枯叶蝶。但是，已经来不及了。国家的禁止更增加了它的身价。枯叶蝶真是因此而要绝灭了。

我们既然有一对美丽的如真理的翅膀，我们就永远也不愿意合上它们。做什么要装模作样，化为一只枯叶蝶，最后也还是被售，反而不如那翅膀两面都光彩夺目的蝴蝶到处飞翔，被捕捉而又生生不息。

我要我的翅膀两面都光彩夺目。

我愿这自然界的一切都显出它们的真相。

走近作家

徐迟，现当代诗人、散文家、评论家。徐迟在报告文学领域做出了突出贡献，代表作有《哥德巴赫猜想》《地质之光》等。

走进散文

枯叶蝴蝶为了自保，把自己伪装成一片枯叶，然而它的伪装却导致了更彻底的毁灭。作者借枯叶蝴蝶表达了一种深刻的寓意，并希望自己的翅膀两面都光彩夺目，更愿自然界的一切都显出真相。作者提示我们，不要学习枯叶蝴蝶的伪装，只有敞开心扉、真诚待人，才能换来彼此的互信和互助。

朗诵密码

● 第三自然段写了枯叶蝴蝶是如何伪装自己的。我们要关注“收敛”“隐藏”“逸出”“停止”这几个动词，还要关注那些描写枯叶的词语，如“憔悴”“干枯”“枯槁”等。

● 读第三自然段时，我们的语速要慢一些，语调要低一些，边读边想象枯叶蝴蝶是如何一步一步伪装自己的。

读了这篇文章，你知道枯叶蝴蝶有什么特点吗？从文中找一找，再和小伙伴说一说，写在下方横线上。

生命桥

沈石溪

有一个狩猎队，把一群羚羊赶到了悬崖边，准备全部活捉。几分钟以后，羚羊群分成了两群：老羚羊为一群，年轻羚羊为一群。一只老羚羊走出羊群，朝年轻羚羊群叫了一声，一只年轻羚羊应声跟老羚羊走到了悬崖边。年轻羚羊后退了几步，突然奔跑着向悬崖对面跳过去，随即老羚羊紧跟后面也飞跃出去，只是老羚羊跃起的高度要低一些。

当年轻羚羊在空中向下坠时，奇迹出现了：老羚羊的身子/刚好出现在年轻羚羊的蹄下，而年轻羚羊在老羚羊的背上猛蹬一下，下坠的身体又突然升高/并轻巧地落在了对面的悬崖边，而老羚羊就像一只断翅的鸟，笔直地坠入了山涧。

试跳成功！紧接着，一对对羚羊凌空腾起，没有拥挤，没有争夺，秩序井然，快速飞跃。顿时，山涧上空画出了一道道令人眼花缭乱的弧线，那弧线／是一座以老羚羊的死亡作桥墩的生命桥。那情景是何等神圣！猎人们个个惊得目瞪口呆，不由自主地放下了猎枪。

（选自苏教版《语文》四年级下册，原著为《斑羚飞渡》）

走近作家

沈石溪，当代动物小说家，被称为“中国动物小说大王”。代表作有《猎狐》《第七条猎狗》《斑羚飞渡》《最后一头战象》等。

走进散文

在狩猎队的追击下，老羚羊用死亡架起生命之桥，年轻羚羊秩序井然地飞跃悬崖以求生存。一对对羚羊“没有拥挤，没有争夺，秩序井然，快速飞跃”，连续的四字词语表现了它们在生死存亡之时，沉着、冷静，顾全大局，且洋溢着作者对羚羊强烈的赞美之情。

朗诵密码

● 读到“奇迹出现了”时，我们的语气要兴奋。要仔细描摹关键词语，如“身”“蹄”“猛蹬”“升高”“坠”等，让我们仿佛看到这一座座用爱连成的“生命桥”。

● 读到老羚羊坠入山涧的句子，我们的语速可以渐渐慢下来，停顿一会儿再读下一段。这样，能让听者在脑海中浮现画面，受到震撼。

拓展延伸

在这群羚羊中，有一只羚羊并没有对子，它就是成功指挥这场战斗的头羊。后来这只羚羊怎么样了？请自主阅读《斑羚飞渡》，把你阅读后的感受写在下面。

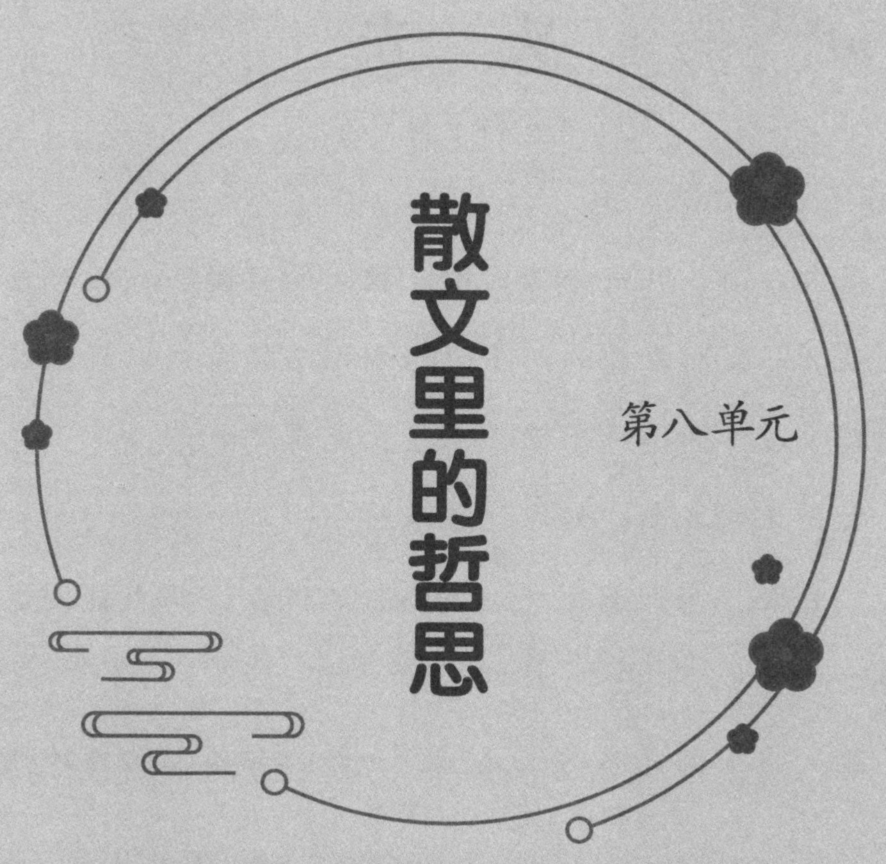

第八单元

散文里的哲思

散文可咏物抒情，可托物言志。读散文不仅要像散步，慢慢地在字里行间穿梭，感受散文的美；还要“沉入”文字触摸作者情思，体悟意味深长的道理，启迪我们的人生。

火 光

［俄罗斯］柯罗连科

很久以前，在一个漆黑的/秋天的夜晚，我泛舟在西伯利亚/一条阴森森的河上。船到一个转弯处，只见前面黑魆魆（xū）的山峰下面，一星火光蓦（mò）地一闪。

火光又明又亮，好像就在眼前……

“好啦，谢天谢地！”我高兴地说，“马上就到过夜的地方啦！”

船夫扭头朝身后的火光望了一眼，又不以为然地划起桨来。

“远着呢！”

我不相信他的话，因为火光冲破朦胧的夜色，明明就在那儿闪烁。不过船夫是对的，事实上，火光的确还远着呢。

这些黑夜的火光的特点是：驱散黑暗，闪闪发亮，近在眼前，令人神往。乍一看，再划几下就到了……其实却还远着呢！……

我们在漆黑如墨的河上又划了很久。一个个峡谷和悬崖，迎面驶来，又向后移去，仿佛消失在茫茫的远方，而火光却依然停在前头，闪闪发亮，令人神往——依然是这么近，又依然是这么远……

现在，无论是这条被悬崖峭壁的阴影笼罩的漆黑的河流，还是那一星明亮的火光，都经常浮现在我的脑际。在

这以前和在这以后，曾有许多火光，似乎近在咫尺，不只使我一人心驰神往。可是生活之河 / 却仍然在那阴森森的两岸之间流着，而火光也依旧非常遥远。因此，必须加劲划桨……

然而，火光啊……毕竟……毕竟就在前头！

（张铁夫、廖子高 / 译）

走近作家

柯罗连科，俄国进步作家和社会活动家。著有《盲音乐师》《巴甫洛夫村札记》《嬉闹的河》等。

走进散文

作者通过追叙在西伯利亚夜航时的一件小事，表达了他对光明和自由的向往之情。全文篇幅短小，仅几百字就写出了深远的意境和深刻的哲理——追寻理想的过程并不是一帆风顺的，只有奋力划桨才能到达彼岸。

朗诵密码

● 第一自然段描写了西伯利亚夜航时的环境，给人一种压抑的感觉。朗诵时，我们的声调不宜高。读“一星火光蓦地一闪”时，我们的语速要快一些，语气里要充满惊喜。

● 读“我”和船夫的对话时，我们要读出不同的语气：“好啦，谢天谢地！”“马上就到过夜的地方啦！”要读得轻松愉悦；而读“远着呢”时，语气要平静。

● 读结尾处含有寓意的句子，我们要娓娓道来，语气沉稳坚定。

拓展延伸

火光给人以希望，给人以温暖。生活中，哪一束光照亮了你呢？写一写这束光给你的独特感受。

养花

老舍

我爱花，所以也爱养花。我可还没成为养花专家，因为没有工夫去研究和试验。我只把养花当作生活中的一种乐趣，花开得大小好坏都不计较，只要开花，我就高兴。在我的小院子里，一到夏天满是花草，小猫只好上房去玩，地上没有它们的运动场。

花虽然多，但是没有奇花异草。珍贵的花草不易养活，看着一棵好花生病要死，是件难过的事。北京的气候，对养花来说不算很好，冬天冷，春天多风，夏天不是干旱就是大雨倾盆，秋天最好，可是会忽然闹霜冻。在这种气候里，想把南方的好花养活，我还没有那么大的本事。因此，我只养些好种易活的自己会奋斗的花草。

不过，尽管花草自己会奋斗，我若是置之不理，任其自生自灭，大半还是会死的。我得天天照管它们，像好朋友似的关切它们。一来二去，我摸着一些门道：有的喜阴，就别放在太阳地里；有的喜干，就别多浇水。摸着门道，花草养活了，而且三年五载老活着，开花，多么有意思呀！不是乱吹，这就是知识呀！多得些知识绝不是坏事。

我不是有腿病吗？这不但不利于行，也不利于久坐。我不知道花草受我的照顾，感谢我不感谢；我可得感谢它们。我工作的时候，总是写一会儿就到院子里去看看，浇浇这棵，搬搬那盆，然后回到屋里再写一会儿，然后再出去。如此循环，让脑力劳动和体力劳动得到适当的调节，有益身心，胜于吃药。要是赶上狂风暴雨或者天气突变，就得全家动员，抢救花草，十分紧张。几百盆花，都要很快地抢到屋里去，使人腰酸腿疼，热汗直流。第二天，天气好转，又得把花都搬出去，就又一次腰酸腿疼，热汗直流。可是，这多么有意思呀！不劳动，连棵花也养不活，这难道不是真理吗？

送牛奶的同志进门就夸“好香”，这使我们全家都感到骄傲。赶到昙花开放的时候，约几位朋友来看看，更有秉烛夜游的味道——昙花总在夜里开放。花分根了，一棵分为几棵，就赠给朋友们一些；看着友人拿走自己的劳动果实，心里自然特别喜欢。

当然，也有伤心的时候，今年夏天就有这么一回。三百棵菊秧还在地上（没到移入盆中的时候），下了暴雨，邻家的墙倒了，菊秧被砸死三十多种、一百多棵。全家都几天都没有笑容。

有喜有忧，有笑有泪，有花有果，有香有色。既要劳动，又长见识，这就是养花的乐趣。

走近作家

老舍，原名舒庆春，是一代“语言大师”，被授予“人民艺术家”的称号。著有中篇小说《月牙儿》，长篇小说《四世同堂》《骆驼祥子》，剧本《龙须沟》《茶馆》等。

走进散文

老舍先生讲述了他养花的情形，让我们从中感受到养花是既要劳动又长知识的，还能给人们带来乐趣。全文流畅、自然，就好像是朋友面对面地聊天一样亲切，字里行间都是老舍先生对生活、对生命的热爱。

朗诵密码

● 朗诵这篇文章，我们要像讲自己的故事一样，娓娓道来。

● 在表达“感谢花草”的部分，作者没有直接讲原因，而是具体地描述事情的经过。遇到短句，我们要通过短句之间的连接来表现当时场景的紧张。朗诵时，我们要抓住具体的字词进行强调。

● 第四自然段的最后两句是作者的感悟，作者将文章的主题深化到生活与劳动的关系上，富有哲理，我们要读得缓慢，让人回味。

拓展延伸

昙花到底是一种怎样的花呢？请你查找资料，进一步认识昙花、了解昙花，制作一份图文并茂的“昙花介绍”。

昙花介绍	
（昙花照片）	______ ______ ______ ______ ______

蚕

雷抒雁

她在自己的生活中织下了一个厚厚的茧。

那是用一种细细的、柔韧的、若有若无的丝织成的，是痛苦的丝织成的。

她埋怨、气恼，然后就是焦急，甚至折磨自己。她想用死来对突不破的网/表示抗议。

但是，她终于被疲劳征服了，沉沉地睡过去。她做了许多梦，那是关于花和草地的梦，是关于风和流水的梦，是关于太阳和彩虹的梦，还有关于爱的追求以及生儿育女的梦……

在梦里，她得到了安定和欣慰，得到了力量和热情，得到了关于生的可贵。

当她一觉醒来，她突然明白能拯救自己的，只有自己。于是，她便用牙齿把自己吐的丝一根根咬断，咬破自己织下的茧。

果然，新的光芒向她投来，像云隙间的阳光刺激着她的眼睛。新的空气，像清新的酒，使她陶醉。

她简直要跳起来了！

她简直要飞起来了！

一伸腰，她果然飞起来了，原来就在她沉睡的时刻，背上长出了两片多粉的翅膀。

从此，她便记住了这一切，她把这些告诉给了子孙们：“你们织的茧，得你们自己去咬破！”医治焦虑和苦恼，最好的办法就是沉默和安静。

蚕，就是这样一代一代传下来。

走近作家

雷抒雁，当代诗人、作家。著有诗集《小草在歌唱》、散文随笔集《雁过留声》等。

走进散文

本文通过介绍蚕的生活变化（织茧—抗议—梦想—破茧—腾飞）告诉了我们一个道理：在人生的道路上，面对挫折苦难，只有自强自立才能展翅高飞，而非自怨自艾、自叹自怜。朗诵时，我们要随着蚕的情绪、动作的变化去体会她的内心世界。

朗诵密码

● 朗诵这篇散文，我们要注意表现蚕的情绪变化。

● 前一部分是蚕的抗争，我们的语速要稍快，语调宜低沉，要表现出蚕的焦急和气恼，要突出“痛苦”“焦急”“折磨”等。

● 中间部分写蚕在睡梦中感知到了许多事物，得到了安慰，这时我们的语速开始放慢，语气要舒缓、平和。

● 最后，蚕获得了新生，我们要以上扬、充满希望的语调强调出蚕的欣喜之情。

拓展延伸

文中有一句话：“你们织的茧，得你们自己去咬破！”结合你的生活和学习经历，说说你对这句话的理解。